"Get started and have fun with modern language learning!"

Sprachkurs Deutsch Bild für Bild
Herausgegeben von der Langenscheidt-Redaktion

Kreative Umsetzung: Arndt Knieper, Martin Waller
Texte: Christoph Obergfell, Eva Vitzthum-Angerer
Art Direction, Layout, Illustrationen: Arndt Knieper
Redaktion: Martin Waller, Werkstatt München – Buchproduktion
Bearbeitung und Korrektur der englischen Texte:
Vanessa Magson-Mann, So to Speak, Icking
Projektleitung: Dorothea Leiser
Corporate Design Umschlag: KW 43 BRANDDESIGN, Düsseldorf
Umschlaggestaltung: Guter Punkt, München
Fotos Innenteil: Bildnachweis als PDF auf der beiliegenden CD

Kostenloser Download Ihres Bonusmaterials
Gehen Sie folgendermaßen vor:
1. Gehen Sie auf die Seite www.langenscheidt.com/bonusmaterial
2. Geben Sie dort den Code **DSB235** ein.
3. Klicken Sie auf den Button „aktivieren".
4. Klicken Sie auf Ihr gewünschtes Zusatzmaterial:
   • Audio-Material als MP3 (Dialoge, Wortschatz, Hörübungen)
   • Text-Material als PDF (Dialoge mit Übersetzungen,
     Hörübungen, Trackverzeichnis, Bildnachweis)

www.langenscheidt.com
© 2018 Langenscheidt GmbH & Co. KG, München
Satz: Cordula Schaaf, München
Printed in Europe

ISBN: 978-3-468-27014-7

19020

Langenscheidt

Sprachkurs
Deutsch
Bild für Bild

Der visuelle Kurs für den leichten Einstieg

Easy language learning the visual way

von Christoph Obergfell

Langenscheidt

München · Wien

CONTENTS

1

GREETINGS _____ 10

2

INTRODUCTIONS AND SMALL TALK _____ 24

3

FAMILY AND RELATIONSHIPS _____ 38

4

LANGUAGE CAN BE TRICKY _____ 54

 IT

INTERMEDIATE TEST 1 _____ 68

5

SHOPPING _____ 72

6

IN A RESTAURANT __ 86

7

LEISURE TIME IN A CITY _____ 100

8

SPORT AND HOBBIES _____ 114

9

FORMING NEW FRIENDSHIPS _____ 128

CONTENTS

CONTENTS

ON THE CD ——————

AUDIO RECORDINGS (MP3):
Dialogues // Vocabulary //
Listening exercises

TEXTS (PDF):
Dialogues with English
translations // Listening
texts // Picture credits

HOW THIS COURSE WORKS

Each chapter is divided into six parts

The colour code

You are wondering why the texts are so colourful? This course uses colour coding throughout. The colours indicate the word type of each new piece of vocabulary the first time it appears in the course. The colours are also repeated on the grammar pages.

It's really easy:

Nouns = blue

Verbs = red

Adjectives and adverbs = green

Function words and idioms = violet

1

DIALOGUE VOCABULARY

Here you will find all the new vocabulary which is used in the dialogue on the opposite page. The easiest way to get started is to study the vocabulary first – but of course you can also start by reading the dialogue right away too. Either way the new words and their meanings are right in front of you.

By listening to the CD, you can hear how the vocabulary and the complete dialogues sound in German.

You can listen to the CD for the correct pronunciation of the words: the corresponding track number is always given.

The endings or words given after a noun indicate the plural of the word. Memorise the plural form at once when you learn each noun!

2

DIALOGUE IN TWO PARTS

The dialogues tell an entertaining story: Iwona and Pierre meet at a language school in Berlin. They make friends with their teacher Martina and her boyfriend Jens. They get to know about everyday life in Germany and go on a trip together to Munich.

As it is easier to learn a language in smaller units, the dialogues are divided into two parts.

All the dialogues are spoken by professional speakers. The first chapters are even repeated more slowly to aid comprehension.

The questions on the dialogue give you the chance to test yourself and see how much you have understood.

3

THEMATIC VOCABULARY

After the dialogue an additional illustrated thematic vocabulary section follows where individual themes are treated in more depth. The complete vocabulary from this section is also on the CD.

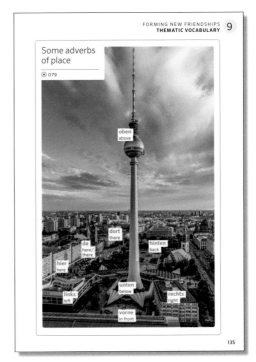

4

VOCABULARY EXERCISES

So that you can retain the newly learnt vocabulary more easily, a page of exercises now follows. These exercises help you to actually use the words in a relevant context.

All the solutions are in the appendix starting on page 276.

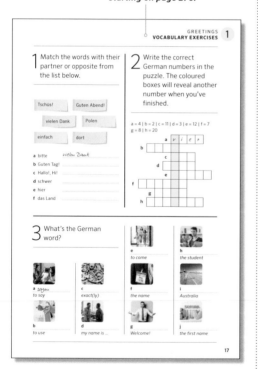

5

GRAMMAR

Grammar explained the easy way! Verb forms, cases, articles, word order ... everything you need to make whole sentences and converse correctly. The illustrations have been made especially for this course, and you will soon see how the amusing approach aids learning ... with the "wow" factor!

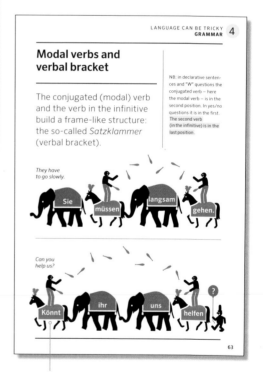

The colour coding which you are familiar with from the dialogue vocabulary section is also used here.

6

GRAMMAR EXERCISES

No gain without pain. But you probably can't wait to try out what you have learnt. The exercises at the end of each chapter provide the perfect opportunity to do so.

The small illustra-tions refer to the grammatical subject in question.

Some exercises specifically train listening and speaking. The corresponding track number on the CD is then indicated.

Intermediate and final tests

Two intermediate and one final test enable you to monitor your own progress.

Appendix

In the appendix you will find everything else which you need to learn the language success-fully: the solutions to all the exercises and test questions, a glossary of grammatical terms, a verb table, a pronunciation guide, as well as an alphabetical index of all the vocabulary used in the course including their phonetic transcriptions.

Accompanying CD

To aid listening and speaking the accompanying CD includes recordings of all the dialogues, the complete list of vocabulary, as well as the exercises where listening comprehension is required. All the texts have been spoken professionally by native speakers.

In addition to this, a useful PDF document is included on the CD allowing you to read all dialogues and their English translations, as well as the listening exercises.

The complete content of the CD can also be downloaded for free from our website (see imprint page).

Abbreviations

The following abbreviations are used:

m	—	Maskulinum (masculine noun)
f	—	Femininum (feminine noun)
n	—	Neutrum (neuter noun)
pl	—	Plural (plural)
sg	—	Singular (singular)
irr	—	irregular verb (a list of irregular verbs and their forms is provided in the appendix on p. 288)
sep	—	separable verb (please see p. 123 for explanation)
abbr.	—	abbreviation
s.o.	—	someone
sth.	—	something
etw.	—	etwas (something)

1

GREETINGS

In this lesson you will learn

to introduce yourself →

to say hello and goodbye →

to count to 30 →

Dialogue vocabulary

⊚ 002

More vocabulary for this dialogue can be found in the thematic vocabulary section on page 16.

der **Lerner,** -
the student

genau
exact(ly)

Herzlich willkommen!
Welcome!

benutzen
to use

der **Vorname,** -n
the first name

Erste Stunde im Deutschkurs
First lesson in German class

die **Stunde,** -n
the hour;
here: the lesson

NB: After each noun an ending or word is shown. These are the plural forms: e.g. the plural of Stunde is Stunden, of Lerner is Lerner (the "-" means no ending), and of Platz is Plätze etc. Learn them at once, together with each noun!

der **Deutschkurs,** -e
the German class

Guten Tag.
Good day.

ist hier …?
is here …?, *here:* is this …?

hier
here

ja
yes

Dort vorne ist noch ein Platz frei.
There's an empty seat at the front.

dort
there

vorn(e)
in front, at the front

noch
still, yet

der **Platz,** Plätze
here: the seat

frei
free; empty

danke
thanks, thank you

wir **sagen** (**sagen**)
we say (to say)

und
and

Ist das O. K.?
Is that OK (with you)?

wir **stellen uns vor**
(**sich vorstellen** *sep*)
we introduce ourselves
(to introduce oneself)

jetzt
now

das ist nicht schwer
that's not difficult

schwer
difficult, hard; heavy

Erste Stunde im Deutschkurs

◎ 003 & 004

Die meisten Lerner sind schon da.
Iwona kommt zur Tür herein.
(Most students are already there.
Iwona comes in through the door.)

 IWONA: Guten Tag. Ist hier der Deutschkurs?

 MARTINA: Ja, genau. Dort vorne ist noch ein Platz frei ...

 Danke.

 Hallo, herzlich willkommen. Wir sagen „du" und benutzen den Vornamen. Ist das O. K.?

Die Lerner nicken zustimmend.
(The students nod in agreement.)

 Ja? Super! Wir stellen uns jetzt vor – das ist nicht schwer.

— The teacher's name is
  ☐ Iwona. ☐ Martina.
— Iwona is learning
  ☐ German. ☐ English.

◉ 006 & 007

 MARTINA: Ihr sagt einfach euren Vornamen, wie alt ihr seid und aus welchem Land ihr kommt. Ich beginne: Mein Name ist Martina. Ich bin neunundzwanzig (29) Jahre alt. Ich komme aus Deutschland. Machst du bitte weiter?

 BRIAN: Ich? O. K. Hi! Ich bin Brian und ich bin neunzehn (19) Jahre alt. Ich bin aus Australien.

 SUSAN: Hallo, mein Name ist Susan. Ich bin dreiundzwanzig (23) Jahre alt und aus England.

 PIERRE: Salut! Ich heiße Pierre. Ich bin vierundzwanzig (24). Ich komme aus Frankreich.

 IWONA: Hallo. Mein Name ist Iwona. Ich bin dreißig (30) Jahre alt und ich komme aus Polen.

 YOKO: Ich heiße Yoko. Ich bin einundzwanzig (21) Jahre alt. Ich komme aus Japan.

Die restlichen Lerner stellen sich der Reihe nach vor.
(The remaining students take it in turn to introduce themselves.)

 Vielen Dank, das war echt gut!

— Martina is ☐ 19 ☐ 29 years old.
— ☐ Brian ☐ Susan is from England.
— Pierre is from ☐ Australia. ☐ France.

Dialogue vocabulary

◎ 005

More vocabulary for this dialogue can be found in the thematic vocabulary section on page 16.

ihr **sagt** (**sagen**)
you *pl* say (to say)

ihr **kommt** (**kommen** *irr*)
you *pl* come (to come)

mein Name ist ...
my name is ...

der **Name,** -n
the name

Australien
Australia

einfach
simple;
here: just, simply

euren
your *pl*

wie
how

alt
old

ihr **seid** (**sein** *irr*)
you *pl* are (to be)

aus welchem Land
from which country

das **Land,** Länder
the country

ich **beginne**
(**beginnen** *irr*)
I start (to start,
to begin)

ich **bin** (**sein** *irr*)
I am (to be)

das **Jahr,** -e
the year

ich komme aus
I come from

Deutschland
Germany

**Machst du bitte
weiter?**
Will you please
continue?

weitermachen *sep*
to continue

bitte
please

England
England

Salut! (*French
origin*)
Hello!, Hi!

ich **heiße**
(**heißen** *irr*)
my name is
(to be called)

Frankreich
France

Polen
Poland

**Vielen Dank, das
war echt gut!**
Thank you very much,
that was really good!

echt
real, really

gut
good

Numbers from 1 to 30

◎ 008

 eins
one

 zwei
two

 drei
three

 vier
four

 fünf
five

 sechs
six

 sieben
seven

 acht
eight

 neun
nine

 zehn
ten

 elf
eleven

 zwölf
twelve

 dreizehn
thirteen

 vierzehn
fourteen

 fünfzehn
fifteen

 sechzehn
sixteen

 siebzehn
seventeen

 achtzehn
eighteen

 neunzehn
nineteen

 zwanzig
twenty

 **einund-
zwanzig**
twenty-one

 dreißig
thirty

Greetings

◎ 009

Hallo!
Hello!

Gute Nacht.
Good night.

Tschüs!
Bye!

Bis später!
See you later!

Guten Abend.
Good evening.

Auf Wiedersehen.
Goodbye.

Guten Morgen.
Good morning.

Guten Tag.
Good day.

1 Match the words with their partner or opposite from the list below.

Tschüs! Guten Abend!

vielen Dank Polen

einfach dort

a bitte *vielen Dank*

b Guten Tag! ....

c Hallo!, Hi! ....

d schwer ....

e hier ....

f das Land ....

2 Write the correct German numbers in the puzzle. The coloured boxes will reveal another number when you've finished.

a = 4 | b = 2 | c = 11 | d = 3 | e = 12 | f = 7
g = 8 | h = 20

3 What's the German word?

a *sagen*
to say

c ....
exact(ly)

b ....
to use

d ....
my name is ...

e ....
to come

f ....
the name

g ....
Welcome!

h ....
the student

i ....
Australia

j ....
the first name

Personal pronouns and the verb *sein*

Hi, ich bin aus Deutschland.
Hi, I am from Germany.

Und du bist aus Frankreich.
And you are from France.

Und er ist aus Spanien.
And he is from Spain.

Und sie ist aus Spanien.
And she is from Spain.

Und es ist aus Australien.
And it is from Australia.

Und wir sind aus Japan.
And we are from Japan.

Und ihr seid aus England.
And you are from England.

Und sie sind aus Ägypten.
And they are from Egypt.

To address someone formally you use **Sie** (with a capital) in both the singular and plural.

Und Sie sind Polizist.
And you are a policeman.

Und Sie sind Polizisten.
And you are policemen.

NB: **sie/Sie** has four different meanings: *she*, *they* and *you* sg and pl.

Verb conjugation in the singular

machen *to do*
ich mache
I do
du machst
you do
er/sie/es macht
he/she/it does

Here are the regular verb endings in the singular. For a list of irregular verbs and their conjugation please see p. 288 in the appendix.

Ich komme **aus Paris.**
I come from Paris.

Du kommst **aus Berlin.**
You come from Berlin.

Er (sie/es) kommt **aus Rom.**
He (she/it) comes from Rome.

e   st   t

Basic word order

However, the German word order is variable. The subject doesn't always have to be in the first position.
But: in a declarative sentence the conjugated verb is always in the second position!

The "normal" word order in a declarative sentence (main clause) is similar to English:

subject   **verb**   **object**

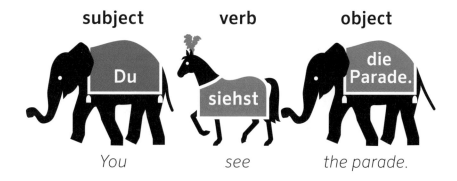

Du   siehst   die Parade.

You   *see*   *the parade.*

Gender

German nouns have one of three genders: masculine, feminine and neuter. There is a definite and an indefinite article.

DEFINITE SINGULAR
MASCULINE
der Mann
the man

DEFINITE SINGULAR
FEMININE
die Frau
the woman

DEFINITE SINGULAR
NEUTER
das Kind
the child

DEFINITE PLURAL
ALL GENDERS
die Männer
the men

die Frauen
the women

die Kinder
the children

The gender is not always logical and can differ from the natural gender of a noun (e.g. **das Mädchen** *the girl*). To memorise the gender, it's best to learn the definite article (**der/die/das**) together with the noun.

INDEFINITE MASCULINE
ein Mann
a man

INDEFINITE FEMININE
eine Frau
a woman

INDEFINITE NEUTER
ein Kind
a child

4

These declarative sentences are mixed up. Put them in the right order.

a ist | Pierre | Mein Name | .

Mein Name ist Pierre.

b aus Australien | Ich | komme | .

....

c Yoko | 21 Jahre alt | ist | .

....

d kommt | aus England | ist | Susan | und | 23 | .

....

e komme | bin | aus | 30 | Ich | alt | Jahre | und | Polen | .

....

5

Read the sentences and fill in the missing personal pronouns or verb endings.

a *Du*..... machst einen Deutschkurs.

b Die Lehrerin heiß...... Martina.

.... kommt aus Deutschland.

c .... bin aus England.

d Pierre komm...... aus Frankreich.

.... ist 24 Jahre alt.

e Ich komm...... aus Japan.

6

Which ending fits? Connect the pronouns with their corresponding verb endings.

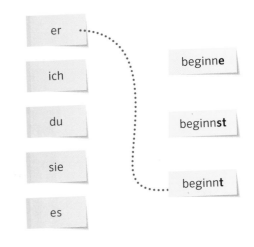

er

ich

du

sie

es

beginn**e**

beginn**st**

beginn**t**

7

Match the verb forms on the right to their corresponding pronouns. Add the missing pronoun in c.

kommst

beginnt

sagt

komme

heiße

sagst

beginne

heißt

heißt

benutze

a Ich *komme,* ....

....

b Er ....

....

c ....sagst, ...

....

8

Tick the box with the correct form of *sein*.

a ich	☐ bist	☐ seid	☑ bin
b du	☐ sind	☐ bist	☐ ist
c er/sie/es	☐ bin	☐ ist	☐ seid
d wir	☐ sind	☐ seid	☐ bist
e ihr (pl)	☐ bin	☐ ist	☐ seid
f sie (pl)	☐ ist	☐ sind	☐ bin
g Sie	☐ sind	☐ sein	☐ ist

9

Fill in the missing personal pronouns.

Martina ist Lehrerin, (a) *sie* kommt aus Deutschland und (b) .... ist 29 Jahre alt. Brian ist 19 und (c) .... kommt aus Australien. Pierre macht einen Deutschkurs. (d) .... kommt aus Frankreich. Yoko kommt aus Japan. (e) .... ist 21 Jahre alt. Martina und Jens kommen aus Berlin. (f) .... sind aus Deutschland. Aus welchem Land kommst (g) ....?

10

Underline the correct verb form.

a Martina ist/sind 29 Jahre alt.

b Sie kommst/kommt aus Deutschland.

c Mein Name ist/heißt Iwona.

d Martina sage/sagt: „Hallo".

e Der Lerner aus Australien heiße/heißt Brian.

f Yoko sein/ist 21.

g Iwona mache/macht einen Deutschkurs.

h Pierre sind/ist aus Frankreich.

i Er macht/ist 24 Jahre alt.

j Yoko bist/ist im Deutschkurs.

k Sie komme/kommt aus Japan.

11

Write out the numbers of the calculations in words and do the sum as shown in the example.

a $30 - 13 =$* *dreißig minus dreizehn ist siebzehn*

b $4 + 7 =$ ....

c $19 + 6 =$ ....

d $22 - 8 =$ ....

e $2 + 14 =$ ....

f $26 - 11 =$ ....

g $5 + 3 =$ ....

h $17 - 4 =$ ....

i $26 + 1 =$ ....

j $18 + 2 =$ ....

* The equals sign (=) is called "ist (gleich)" in German, plus (+) and minus (−) are spelt as in English (however pronunciation is different).

2

INTRODUCTIONS AND SMALL TALK

In this lesson you will learn

to start a conversation, ask others how they are and answer related questions →

to ask and answer further questions about a place of origin →

to talk about the length of your stay →

to exchange basic information about work →

Dialogue vocabulary

◉ 010

More vocabulary for this dialogue can be found in the thematic vocabulary section on page 30.

sich **treffen** *irr*
to meet

nein
no

der **Monat,** -e
the month

arbeiten
to work

neu
new

Vor dem Sprachkurs
Before the language class

vor
before; in front of

die **Sprachschule,** -n
the language school

die **Unterrichts-stunde,** -n
the lesson

der **Unterricht**
the class

Wie geht es dir/ Ihnen?, Wie geht's?
How are you?

aus
from

..., ja?
..., isn't it?, ..., right?

Das liegt in der Bretagne.
It's in Brittany.

Entschuldigung!
Sorry!

woher
where ... from

in der Nähe von (Krakau)
not far from, close to (Cracow)

schon
already

lang(e)
long

erst
only

seit
since, for

ich **habe** (**haben** *irr*)
I have (to have)

der **Job,** -s
the job

aber
but

die **Woche,** -n
the week

was
what

machen
to do; to make

die **Consulting-firma,** -firmen
the consulting company

Vor dem Sprachkurs

◉ 011 & 012

*Vor **der** Sprachschule treffen sich **Pierre und Iwona** vor ihrer zweiten Unterrichtsstunde.*

(Pierre and Iwona meet in front of the language school before their second class.)

 PIERRE: Hallo Iwona, wie geht es dir?

 IWONA: Gut, danke. Du bist Pierre aus Frankreich, ja?

 Ja, ich komme aus Rennes. Das liegt in der Bretagne. Entschuldigung, woher kommst du?

 Ich bin aus Polen, aus Rzeszów. Das ist in der Nähe von Krakau. Bist du schon lange in Deutschland?

 Nein, erst seit einem Monat. Und du? Arbeitest du hier?

 Ja, ich habe einen neuen Job hier in Berlin. Ich bin aber erst seit zwei Wochen hier.

 Und was machst du?

 Ich arbeite in einer Consultingfirma.

— Iwona is from Rennes.
☐ right ☐ wrong
— Pierre has been in Germany for a month.
☐ right ☐ wrong

◉ 014 & 015

IWONA: Und du?

PIERRE: Ich studiere Maschinenbau. Ich bin fast fertig und mache jetzt ein Praktikum in einer deutschen Firma.

Martina und Jens kommen dazu.
(Martina and Jens join them.)

MARTINA: Hallo Iwona, hallo Pierre. Darf ich euch meinen Freund Jens vorstellen?

Freut mich ...

Was? Jens, Martina ist deine Freundin?

Woher kennt ihr euch denn?

JENS: Hi, ihr beiden. Pierre und ich arbeiten in der gleichen Firma.

Das ist ja toll! Oh, die anderen kommen schon. Der Unterricht beginnt gleich. Gehen wir hinein?

Gut, dann viel Spaß. Bis später!

— Iwona studies in Berlin.
  ☐ right ☐ wrong
— Martina is Jens' girlfriend.
  ☐ right ☐ wrong
— Martina and Pierre work at the same company.
  ☐ right ☐ wrong

Dialogue vocabulary

◉ 013

More vocabulary for this dialogue can be found in the thematic vocabulary section on page 30.

Maschinenbau
(only sg) m
mechanical engineering

die **Firma,** Firmen
the company

der **Freund,** -e
the friend (male);
the boyfriend

gleich
same; equal

wir **gehen hinein**
(**hineingehen** *irr sep*)
we go inside
(to go inside)

---

studieren
to study

fast
nearly, almost

fertig
ready, finished

das **Praktikum,**
Praktika
the placement

deutsch
German

Darf ich euch meinen Freund Jens vorstellen?
May I introduce you to my boyfriend Jens?

darf ich ...?
(**dürfen** *irr*)
may I ...? (may)

Freut mich ...
My pleasure ...

dein(e)
your *sg*

die **Freundin,** -nen
the friend (female);
the girlfriend

ihr **kennt** euch
(sich **kennen** *irr*)
you know each other
(to know each other)

denn
then *(emphasising, often not translated)*

beide
both, the two

Das ist ja toll!
That's cool!

toll
cool, great

die anderen
the others

Der Unterricht beginnt gleich.
The class is about to start.

gehen *irr*
to go

dann
then

Viel Spaß!
Have fun!

Numbers from 31 to 100

◉ 016

 einund-dreißig
thirty-one

 zweiund-dreißig
thirty-two

 dreiund-dreißig
thirty-three

 vierzig
forty

 fünfzig
fifty

 sechzig
sixty

 siebzig
seventy

 achtzig
eighty

 neunzig
ninety

 (ein)hundert
(one) hundred

How long …?

◉ 017

Ich bin hier seit …
I've been here for …

… **einem Tag.**
… one day.

… **zwei Tagen.**
… two days.

…**einer Woche.**
… one week.

…**zwei Wochen.**
… two weeks.

… **einem Monat.**
… one month.

… **zwei Monaten.**
… two months.

…**einem Jahr.**
… one year.

… **zwei Jahren.**
… two years.

1 Two people are having a chat but the phrases got mixed up. Can you put them back in their original order?

.... Ja, Rzeszów liegt in der Nähe von Krakau. Bist du aus Deutschland?

.... Ich kenne Berlin. Ich arbeite dort. Arbeitest du auch?

...*1*... Hallo! Mein Name ist Iwona. Wie heißt du?

.... Nein, ich studiere noch.

.... Ich komme aus Rzeszów.

.... Ich heiße Claudia. Woher kommst du?

.... Ist das in Polen?

.... Ja, ich bin aus Potsdam. Das ist in der Nähe von Berlin.

2 What do you say? Choose your replies from the given phrases.

Hallo!

Bis später!

Es geht.

Viel Spaß!

Freut mich!

a Wie geht es dir? – *Es geht.*

b Das ist mein Freund Jens. –

....

c Der Unterricht beginnt. –

....

d Tschüs! – ....

e Hi! – ....

3 What's the German word?

a *die Firma*
the company

b ....
to work

c ....
to meet

d ....
the (boy)friend

e ....
same, equal

f ....
the month

g ....
mechanical engineerng

h ....
no

i ....
to go inside

j ....
new

"W" questions

These questions always start with an interrogative pronoun (they all start with a "W").

As in a normal declarative sentence (see p. 19), the verb is in the second position.

What is the name of the circus?

Where do you come from?

Wie geht es dir?	**Warum lachen Sie?**
How are you?	*Why are you laughing?*
Woher kommen deine Eltern?	**Wo treffen wir uns?**
Where do your parents come from?	*Where shall we meet?*
	Wann beginnt die Vorstellung?
Wer will ein Bier?	*When does the show begin?*
Who woud like a beer?	
Was machst du?	
What do you do?	

wie	*how*
woher	*where from*
wer	*who*
was	*what*
warum	*why*
wo	*where*
wann	*when*

Yes/no questions

This type of question does not involve an interrogative pronoun. Unlike "W" questions, these can be answered with only a yes or no.

As in English, the verb is in the first position in the sentence.

Heißt / **du** / **Julia**

Is your name Julia?

Ist / **der Platz** / **frei**

Is the seat free?

Lebst du schon lange in Deutschland?
Have you been living in Germany long?

Arbeiten Sie hier?
Do you work here?

Brauchst du Hilfe?
Do you need help?

Verb conjugation in the plural

You've already learnt the regular verb conjugation in the singular. Let's now take a look at the plural.

kennen *to know*	arbeiten *to work*
wir kennen *we know*	**wir arbeiten** *we work*
ihr kennt *you know*	**ihr arbeitet*** *you work*
sie kennen *they know*	**sie arbeiten** *they work*
Sie **kennen** *you know*	**Sie arbeiten** *you work*

* With a word stem ending in "t", an "e" is added in-between (also in the singular: "er arbeit<u>e</u>t").

** Formal address (see p. 18)

Wir kommen aus Acapulco.
We come from Acapulco.

Ihr kommt aus Mailand.
You come from Milan.

Sie kommen aus Liverpool.
They come from Liverpool.

Sie kommen aus Madrid?
You come from Madrid?

4

Which ending fits? Connect the pronouns with their corresponding verb endings.

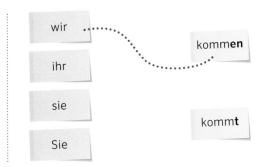

wir

ihr

sie

Sie

komm**en**

komm**t**

5

Der, die or *das*? Allocate the nouns given on the right to the list with the correct article, and then add their plural forms.

Platz   Deutschkurs   Name

Land   Unterricht   Lerner

Freundin Monat   Job

Woche   Praktikum   Firma

Freund   Stunde

der

Platz, die Plätze

die

das

6

What fits? Connect the interrogative pronouns with the appropriate sentence.

1 Wie   **a** heißt du?

2 Wo   **b** alt ist deine Mutter?

3 Woher   **c** liegt das?

4 Was   **d** lange bist du schon in Berlin?

5 Wie   **e** machst du?

6 Wie   **f** kommst du?

7

Choose the right forms of the verbs *arbeiten* and *kommen* from the grammar section on p. 34 and fill in the gaps.

a Woher _kommt_ ihr?

b Wir .... in Berlin.

c Wir .... aus England.

d Pierre und Jens .... in der gleichen Firma.

e Wo .... ihr?

f Jens und Martina .... aus Deutschland.

8

⊚ 018

You're talking to Jens now. Listen to his answers and then ask him the appropriate question after the beep. Choose your questions in the right order from the box. Listen to the correct question and answer again after each of your questions.

Wo ist das?

Hallo Jens, wie geht's?

Und was machst du?

Woher kommst du?

9

Pierre wrote an e-mail but the verbs are still missing. Read the e-mail and help Pierre fill in the missing verbs in the right form.

machen | sein | haben | sein| arbeiten | machen | gehen | heißen | sein | kommen | kennen

An: micha79@sample.com

Kopie

Betreff: neue Freunde

Von: p.lagarde@gmy.fr   Signatur: Ohne

Lieber Michael

wie (a) ..*geht*.... es dir? Ich (b) .... jetzt
in Berlin und (c) .... einen Deutschkurs.
Deutsch (d) .... nicht sehr schwer! Ich
(e) .... viel Spaß! Eine Freundin aus dem
Kurs (f) .... Iwona. Sie (g) .... aus
Polen. Mein Praktikum (h) .... auch toll.
Ich (i) .... schon viele Menschen hier. Was
(j) .... du? (k) .... du noch in der
Firma?

Viele Grüße, Pierre

10

These questions are all mixed up. Put the words in the correct order and answer the questions.

a du | woher | kommst | ?
Woher kommst du?
Answer: *Ich komme aus England.*

b geht | wie | dir | es | ?
....
Answer: ....

c ist | das | wo | ?
....
Answer: ....

d machst | was | du | ?
....
Answer: ....

e aus Deutschland | kommst | du | ?
....
Answer: ....

f schon | lange | in Deutschland | du |
bist | ? ....
....
Answer: ....

g hier | du | arbeitest | ?
....
Answer: ....

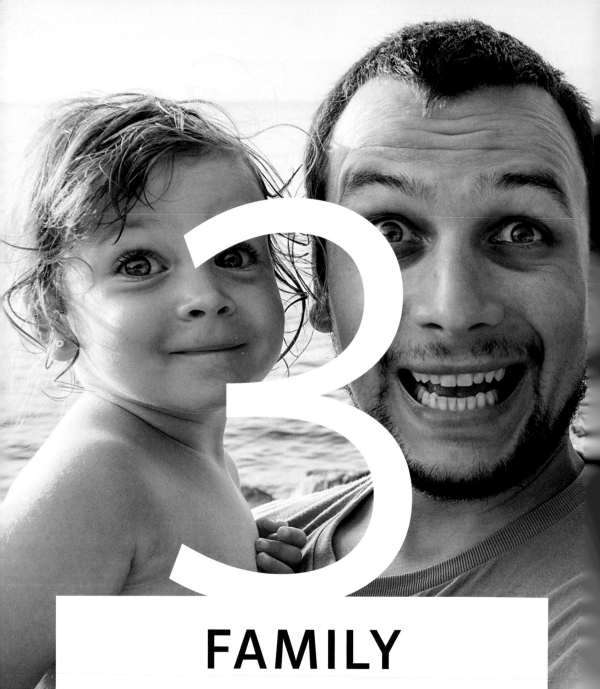

3

FAMILY AND RELATION- SHIPS

In this lesson you will learn

to talk about your family →

how to ask others about their family →

to name some professions →

Dialogue vocabulary

◉ 019

More vocabulary for this dialogue can be found in the thematic vocabulary section on page 44/45.

die **Familie**, -n
the family

sprechen *irr*
to speak, to talk

der **Nachbar**, -n
the neighbour

die **Geschwister** *pl*
brothers and sisters, siblings

der **Tisch**, -e
the table

heute
today

über
over; *here:* about

unser
our

jede(r, -s)
each; everyone

fragen
to ask

sein
his

zur
here: about

zum Beispiel
for example, for instance

dein
your *sg*

der **Vater**, Väter
the father

oder
or

du **hast** (**haben** *irr*)
you have (to have)

Dann los!
Go ahead!

sitzen *irr*
to sit

ich **habe** (**haben** *irr*)
I have (to have)

die **Schwester**, -n
the sister

jung
young

auch
also, too

Und deine Familie?

◎ 020 & 021

Martina stellt in ihrem Deutschkurs das heutige Thema vor.
(Martina introduces today's subject in her German class.)

....

 MARTINA: Heute sprechen wir über unsere Familien. Jeder fragt seinen Nachbarn zur Familie. Zum Beispiel: Wie heißt dein Vater? Oder: Hast du Geschwister? O. K.? Dann los!

Iwona und Pierre sitzen heute am gleichen Tisch.
(Iwona and Pierre are sitting at the same table today.)

....

 IWONA: Pierre, hast du Geschwister?

 PIERRE: Ja, ich habe zwei Schwestern. Ihre Namen sind Julie und Camille.

....

 Und wie alt sind sie?

....

 Camille ist 21. Aber Julie ist noch jung. Sie ist erst 14. Hast du auch eine Schwester?

— Martina tells the class abour her father.
  □ right □ wrong
— Pierre has two sisters.
  □ right □ wrong

◉ 023 & 024

IWONA: Nein, ich habe keine Schwester. Ich habe einen Bruder. Er heißt Robert und er hat schon einen Sohn.

PIERRE: Dann bist du ja Tante! Wie alt ist Roberts Sohn?

Er ist ein Jahr alt. Er ist sehr süß und so klein. Was ist dein Vater von Beruf?

Mein Vater ist Architekt. Er arbeitet sehr viel. Meine Mutter arbeitet in einem Kindergarten. Was machen deine Eltern?

Mein Vater ist Rechtsanwalt. Meine Mutter arbeitet nicht mehr. Sie besucht jetzt sehr oft ihren Enkel. Roberts Frau mag das. Sie hat mehr Zeit für sich. Dann sind beide glücklich.

MARTINA: So ... seid ihr fertig? Ihr macht das alle wirklich gut! Ich bin sehr zufrieden.

— Robert is Iwona's son.
☐ right ☐ wrong
— Pierre's father is an architect.
☐ right ☐ wrong
— Iwona's mother works in a nursery.
☐ right ☐ wrong

Dialogue vocabulary

◎ 022

More vocabulary for this dialogue can be found in the thematic vocabulary section on page 44/45.

süß
sweet

klein
small

der **Kinder-garten,** -gärten
the nursery

sie **mag** (**mögen** *irr*)
she likes (to like)

glücklich
happy

kein
no, not any

der **Bruder,** Brüder
the brother

der **Sohn,** Söhne
the son

die **Tante,** -n
the aunt

sehr
very

so
so

von
of; from

der **Beruf,** -e
the profession

viel
much

die **Mutter,** Mütter
the mother

die **Eltern** *pl*
the parents

nicht mehr
not anymore, no longer

besuchen
to visit

oft
often

der **Enkel,** -
the grandson

die **Frau,** -en
the woman;
here: the wife

Sie hat mehr Zeit für sich.
She has more time for herself.

mehr
more

die **Zeit,** -en
(mostly only sg)
the time

für
for

Seid ihr fertig?
Are you finished?

alle
all, everybody

wirklich
really

zufrieden
satisfied, pleased, happy

Family

◉ 025

der **Vater,** Väter
the father

die **Mutter,** Mütter
the mother

der **Großvater,** -väter
the grandfather

die **Eltern** *pl*
the parents

die **Großmutter,** -mütter
the grandmother

die **Tochter,** Töchter
the daughter

die **Schwester,** -n
the sister

der **Sohn,** Söhne
the son

der **Bruder,** Brüder
the brother

die **Geschwister** *pl*
the siblings

das **Kind,** -er
the child

die **Großeltern** *pl*
the grandparents

die **Tante,** -n
the aunt

der **Onkel,** -
the uncle

verheiratet
married

geschieden
divorced

Professions

◎ 026

die **Sängerin**, -nen
the singer (female)

der **Techniker**, -
the technician (male)

der **Architekt**, -en
the architect (male)

der **Lehrer**, -
the teacher (male)

der **Professor**, -en
the professor (male)

der **Kellner**, -
the waiter (male)

die **Friseurin**, -en
the hairdresser (female)

die **Erzieherin**, -nen
the nursery teacher
(female)

die **Rechts-
anwältin**, -nen
the lawyer (female)

der **Rechtsanwalt**,
Rechtsanwälte
the lawyer (male)

Each profession has a
male and a female form.
For the female usually
-in is added to the male
form: der Kellner *m*
and die Kellnerin *f*.

German professions
don't take the indefinite
article as in English:
Ich bin Lehrer.
I'm a teacher.

1 Fill in the corresponding male or female form.

a der Lehrer

die Lehrerin

c die Studentin

....

c der Europäer

....

d der Kellner

....

e die Japanerin

....

f der Freund

....

2 Write down the words from the boxes in the appropriate word lists below. One does not fit!

Deutschland   Guten Abend   Rechtsanwalt

Eltern   Onkel   Auf Wieder-sehen

Monat

a Tante, Vater, Sohn, ...

b Kellner, Lehrer, Architekt, ...

c Stunde, Woche, Tag, ...

d Frankreich, England, Polen, ...

e Guten Tag, Hallo, Hi, ...

f Großeltern, Kinder, Geschwister, ...

3 What's the German word?

a *die Familie*
the family

c ....
happy

b ....
sweet

d ....
the nursery

e ....
small

f ....
to speak, to talk

g ....
the siblings

h ....
to like

i ....
the table

j ....
the neighbour

The verb *haben*

Ich habe eine Gitarre.
I have a guitar.

Du hast einen Roller.
You have a scooter.

Er (sie/es) hat Geburtstag.
It's his (her) birthday.

Wir haben die gleiche Idee.
We have the same idea.

Ihr habt eine Katze.
You have a cat.

Sie haben schöne Kleider.
They have pretty dresses.

ich	habe	*I have*
du	hast	*you have*
er/sie/es	hat	*he/she/it has*
wir	haben	*we have*
ihr	habt	*you have*
sie/Sie	haben	*they have*

NB: a couple of phrases take **haben** in German, but not "have" in English.

Ich habe Hunger/Durst.
I'm hungry/thirsty.

Er hat schlechte Laune.
He is in a bad mood.

Negation

The negative indefinite article kein negates single nouns. To negate other words or a whole sentence the adverb nicht (*not*) is used.

Kein is always immediately in front of the noun.

When negating a single word, **nicht** is also placed directly in front of it. When negating a whole sentence, **nicht** tends to be as near to the end as possible.

Zigarette?
Cigarette?

Nein danke, ich möchte keine Zigarette.
No thanks, I don't want a cigarette.

Rauchen ist nicht gesund.
Smoking isn't healthy.

Und Alkohol trinke ich auch nicht.
And I don't drink any alcohol either.

MASCULINE SINGULAR	FEMININE SINGULAR	NEUTER SINGULAR	PLURAL
kein	keine	kein	keine

Possessive pronouns

Possessive pronouns before nouns are used like articles . Their gender, case and number is defined by the related noun.

The masculine and neuter forms are the same (**mein, dein, …**).
For the feminine and plural forms an "e" is added:
meine Freundin
my girlfriend
meine Nachbarn
my neighbours

Das ist mein Teddy *(m sg)*.

This is my teddy bear.

Das sind unsere Puppen *(f pl)*.

Those are our dolls.

PERSONAL PRONOUN	POSSESSIVE PRONOUN SINGULAR		POSSESSIVE PRONOUN PLURAL	
ich	mein, meine	*my*	meine	*my*
du	dein, deine	*your*	deine	*your*
er	sein, seine	*his*	seine	*his*
sie	ihr, ihre	*her*	ihre	*her*
es	sein, seine	*its*	seine	*its*
wir	unser, unsere	*our*	unsere	*our*
ihr	euer, eure	*your*	eure	*your*
sie	ihr, ihre	*their*	ihre	*their*
Sie	Ihr, Ihre	*your*	Ihre	*your*

Cases: *Nominativ* and *Akkusativ* (I)

These are two of the four cases German nouns can have.

The *Nominativ* is the case which marks the subject of a sentence.

The *Akkusativ* is the German equivalent of the direct object. The noun usually does not change, only the article or pronoun in front of it. The accusative forms of the indefinite article, *kein* or a possessive pronoun are all very similar.

Mein Hund braucht einen Sessel *(m sg).*
My dog needs an armchair.

Ich brauche keine Frau *(f sg).*
I don't need a wife.

Ich brauche mein Kissen *(n sg).*
I need my cushion.

CASE	MASCULINE SINGULAR	FEMININE SINGULAR	NEUTER SINGULAR	PLURAL
Nom.	ein	eine	ein	eine
Akk.	einen	eine	ein	eine
Nom.	kein	keine	kein	keine
Akk.	keinen	keine	kein	keine
Nom.	mein, dein, ...	meine, deine ...	mein, dein, ...	meine, deine, ...
Akk.	meinen, deinen, ...	meine, deine ...	mein, dein, ...	meine, deine ...

4

Fill in the missing words in their appropriate form (gender, accusative).

The numbers in brackets show what to use: 0 = kein, 1 = ein, all other numbers = write this number in German.

a Ich habe *zwei* .... Schwestern. (2)

b Du hast .... Bruder. (0)

c Wir haben .... Kinder. (0)

d Sie hat .... Freund. (1)

e Er hat .... Freundin. (1)

f Ihr habt .... Brüder. (3)

5

Possessive pronoun or article? Underline the correct word.

a Susi, kennst du keinen/<u>meinen</u> Bruder?

b Ja, ich kenne deinen/dein Bruder.

c Hast du auch ein/einen Bruder?

d Ja, aber ich habe meine/keine Schwester.

e Susi, wo leben deine/keine Eltern?

f Meinen/meine Eltern leben in Berlin.

g Lebt deinen/dein Bruder auch in Berlin?

h Nein, er lebt nicht in Berlin, kein/mein Bruder lebt in Hamburg.

i Eine/Mein Bruder heißt Peter. Er ist toll!

j Ich treffe mein/meinen Bruder in 2 Wochen.

6

Fill in the gaps with the correct form of *haben*.

a Pierre *hast* .... du Geschwister?

b Ja, ich .... 2 Schwestern.

c .... Martina einen Freund?

d Iwona .... einen Bruder.

e .... Iwona und Pierre Geschwister?

f .... ihr einen netten* Lehrer?

g Ja, wir .... eine nette Lehrerin.

h Yoko, Brian und Susan .... Deutschunterricht.

* nett – *nice, kind*

7

The possessive pronouns are missing. Fill in the gaps with the right pronoun in the nominative case.

a Wir haben zwei Kinder.

Unsere Kinder sind 7 und 8 Jahre alt.

b Ich habe einen Bruder.

.... Bruder heißt Michael.

c Iwona und Pierre lernen Deutsch. ....

Lehrerin heißt Martina.

d Sie kommt aus Deutschland. ....

Freund kommt aus England.

e Ihr habt eine Schwester.

.... Schwester ist verheiratet.

f Haben Sie ein Kind? Wie alt ist .... Kind?

(NB: formal Sie!)

8

Nicht or *kein*? Make sentences in the negative form.

a Das ist schwer .

Das ist nicht schwer.

b Martina hat eine Schwester.

....

c Robert mag das.

....

d Das ist ein englisches Verb.

....

e Iwonas Mutter arbeitet.

....

f Iwona hat einen Sohn.

....

9

◉ 027

Listen to the CD. Then read the sentences below and listen to the CD again. Tick the correct box.

a Martin ist
- ☐ Deutschlehrer.
- ☐ Architekt.

b Martin ist seit
- ☐ einem Jahr
- ☐ fünf Jahren

in Berlin.

c Lynn kommt aus
- ☐ Deutschland.
- ☐ England.

d Lynn ist Martins
- ☐ Schwester.
- ☐ Freundin.

10

Read the short text. Then read the phrases below and decide whether they are right or wrong.

Martina ist Deutschlehrerin in Berlin. Sie lebt* dort mit ihrem Freund Jens. Martinas Eltern wohnen** nicht in Berlin. Sie wohnen in München. Martina hat eine Schwester, aber keinen Bruder. Ihre Schwester heißt Kathrin. Kathrin wohnt in Potsdam. Potsdam liegt in der Nähe von Berlin. Sie studiert und arbeitet als Kellnerin. Martina besucht sehr oft ihre Schwester in Potsdam. Jens hat keine Geschwister. Jens kommt aus Jena. Aber er lebt seit sechs Jahren in Berlin. Er arbeitet dort in einer großen Firma. Er ist Informatiker.

a Martinas Eltern wohnen in Hamburg.
☐ right ☐ wrong

b Jens' Schwester heißt Kathrin.
☐ right ☐ wrong

c Kathrin wohnt in der Nähe von Berlin.
☐ right ☐ wrong

d Kathrin besucht sehr oft ihre Schwester.
☐ right ☐ wrong

e Jens hat keine Schwester.
☐ right ☐ wrong

f Jens arbeitet in Jena.
☐ right ☐ wrong

* leben − *to live*
** wohnen − *to live (e.g. in a flat)*

Hallo, mein Name ist Pierre. Ich komme aus Rennes. Das liegt in der Bretagne. Ich bin 24 Jahre alt. Ich studiere Maschinenbau. Ich mache ein Praktikum in einer deutschen Firma in Berlin. Ich habe zwei Schwestern. Sie heißen Camille und Julie. Camille ist 21 und Julie ist 14. Mein Vater ist Rechtsanwalt von Beruf. Meine Mutter arbeitet in einem Kindergarten.

11

Pierre introduces himself and his family. Read the text and then introduce yourself following Pierre's example.

....

....

....

....

....

....

....

....

....

4

LANGUAGE CAN BE TRICKY

In this lesson you will learn

to say that you don't understand →

to ask for help →

to deal with false friends →

Dialogue vocabulary

◉ 028

der **Beamer**
the video projector

holen
to get, to fetch

der **Film,** -e
the film, the movie

die **Präsentation,**
-en
the presentation

seltsam
strange, odd

du **kannst**
(**können** *irr*)
you can (can)

stehen *irr*
to stand; *here:* to be

hinten
(at the) back

verstehen *irr*
to understand

wiederholen
to repeat

der/das **Laptop,** -s
the laptop

meinen
to mean

das **Wort,** Wörter
the word

kennen *irr*
to know

es ist doch englisch
but it is English

nur
only, just

passieren
to happen

so etwas
something like this

etwas
something, anything

ich **weiß** (**wissen** *irr*)
I know (to know)

ich **muss**
(**müssen** *irr*)
I have to
(to have to, must)

nachschlagen *irr sep*
to look up

es gibt
there is, there are

viel(e)
many, a lot of

so wie
here: like

das **Beispiel,** -e
the example

Deutsch ist einfach! Oder?

◉ 029 & 030

Im Deutschkurs
(In the German class)

MARTINA: Brian, kannst du bitte den Beamer holen? Er steht dort hinten.

BRIAN: Entschuldigung, das verstehe ich nicht. Kannst du das bitte wiederholen?

Der Beamer. Für Filme und Präsentationen am Laptop.

Oh, meinst du einen „video projector"?

Ja, genau! Das Wort Beamer kennst du nicht? Es ist doch englisch …

Nicht wirklich, ich kenne nur „beam".

IWONA: Das ist aber seltsam. Passiert so etwas oft?

Ich weiß es nicht. Ich muss das nachschlagen. Aber es gibt sehr viele echte englische Wörter im Deutschen. So wie der Laptop hier zum Beispiel.

— A "Beamer" is a
☐ laptop. ☐ video projector.
— There are
☐ some ☐ no
English words in the German language.

◉ 032 & 033

 PIERRE: Heißt es übrigens der Laptop oder das? Ein Kollege sagt immer „das Laptop".

 MARTINA: Ja, das kommt vor. Bei Laptop ist beides möglich.

 BRIAN: Es gibt auch deutsche Wörter im Englischen: „Sauerkraut" zum Beispiel.

 Stimmt. Und ziemlich viele Wörter haben gemeinsame Wurzeln. Diese Wörter sind heute oft sehr ähnlich: „garden" und „der Garten" oder „fish" und „der Fisch".

 IWONA: Aber „Chips" sind hier etwas ganz anderes als „chips" in London.

 Ja, leider gibt es auch einige falsche Freunde! Wer kennt denn noch andere falsche Freunde aus seiner Muttersprache?

- There are ☐ similar ☐ other words in German for "garden" and "fish".
- Chips in London are
  ☐ the same as
  ☐ something completely different than
  "Chips" in Berlin.

Dialogue vocabulary

◉ 031

der **Kollege, -n**
the colleague (male)

Stimmt!
Right!

gemeinsam
common

die **Wurzel, -n**
the root

diese(r, -s), *pl* **diese**
this, *pl* these

die **Chips** *pl*
the crisps

falsch
false, wrong

übrigens
by the way

immer
always, all the time

das kommt vor
(**vorkommen** *irr sep*)
that happens
(to occur, to happen)

bei
here: with

beides
both, either

möglich
possible

stimmen
to be right

ziemlich
rather, quite, pretty

ähnlich
similar, alike

etwas ganz anderes
something completely
different

als
here: than

leider
unfortunately

einige
some

**Wer kennt denn
noch andere ...?**
Who knows any other ...?

die **Muttersprache**
the native language

False friends

Beware of words which resemble English words but have a completely different meaning in German.

◎ 034

der **Chef**, -s
the boss

der **Koch,** Köche
the chef

brav
well-behaved

tapfer
brave

sensibel
sensitive

vernünftig
sensible

bekommen
to get

werden
to become

das **Gift**, -e
the poison

das **Geschenk**, -e
the gift

fast
almost

schnell
fast

1 Mixed up words. Can you unscramble them?

a GUNGDIENTSCHUL
Entschuldigung (die)

b LEZRUW

c KRERSAUAUT

d TERACHESPRMUT

e LAFSCH

f ÄHNCHLI

2 False friends. Connect the German words with the correct translation.

1 das Geschenk

2 sensibel

3 fast

4 das Gift

5 schnell

6 bekommen

a fast

b almost

c sensitive

d the gift

e to get

f the poison

3 What's the German word?

a *die Präsentation*
the presentation

b
the root

c
the crisps

d
to get, to fetch

e
common

f
the colleague

g
false, wrong

h
the film

i
Right!

j
strange, odd

The modal verbs *können* and *müssen*

Modal verbs change the meaning of a sentence to a certain mode, e.g. to express wishes or necessities.

Usually a modal verb is combined with a verb in the infinitive. It is always the conjugated verb.

When you look at the tables you'll see that the first and third person singular (*ich, er/sie/es*) have no endings.

Kannst du mir helfen?
Can you help me?

können	can, to be able to
ich	k**a**nn
du	k**a**nn**st**
er, sie, es	k**a**nn
wir	könn**en**
ihr	könn**t**
sie	könn**en**
Sie	könn**en**

NB: The singular forms have a different vowel to those in the infinitive and plural.

Ich muss auf die Toilette gehen.
I have to go to the toilet.

müssen	to have to, must
ich	m**u**ss
du	m**u**ss**t**
er, sie, es	m**u**ss
wir	müss**en**
ihr	müss**t**
sie	müss**en**
Sie	müss**en**

Modal verbs and verbal bracket

The conjugated (modal) verb and the verb in the infinitive build a frame-like structure: the so-called *Satzklammer* (verbal bracket).

NB: in declarative sentences and "W" questions the conjugated verb – here the modal verb – is in the second position. In yes/no questions it is in the first. The second verb (in the infinitive) is in the last position.

They have to go slowly.

Can you help us?

Definite vs. indefinite article

The choice of the appropriate article is mostly the same as in English.

Das Auto ist kaputt.

The car has broken down.

Use the definite article with nouns when you refer to a singular distinct and known thing (or things).

Sie braucht ein neues Auto.

She needs a new car.

If you refer to a noun in general or something yet unknown, use the indefinite article.

Cases: *Nominativ* and *Akkusativ* (II)

These are the accusative forms of the definite article.

Ich brauche den Dosenöffner zweimal am Tag.

I need the tin-opener twice a day.

CASE	MASCULINE SINGULAR	FEMININE SINGULAR	NEUTER SINGULAR	PLURAL
Nom.	der	die	das	die
Akk.	den	die	das	die

4

◎ 035

Read the phrases below. Now listen to the CD, repeat each sentence and strike it off the list. One phrase remains. Which one?

Dieses Wort kenne ich nicht.

Heißt es der Laptop oder das Laptop?

Leider gibt es einige falsche Freunde.

Entschuldigung, ich verstehe das nicht.

Kannst du das wiederholen?

Das ist etwas ganz anderes.

Garten und garden sind sehr ähnlich.

5

Definite article, indefinite article, or nothing? Complete the sentences with the given words.

der	der	die

ein	eine

einen	einen	einen

a Hast du *einen* Laptop? – Nein, ich habe keinen Laptop.

b .... Beamer ist kaputt. Ich hole .... neuen Beamer.

c Kennst du .... Restaurant hier?

d Seine Schwester ist .... Architektin.

e Ich sehe .... Mann. .... Mann hat .... Frau. .... Frau ist jung.

6

Put the sentences in the right order and conjugate the verbs correctly.

a sehen | können | den Mann | du | ?
Kannst du den Mann sehen?

b ich | Deutsch | müssen | lernen | .

....

c arbeiten | wo | du | ? ....

d sehr viel | wir | müssen | lernen | .

....

e sie *(pl)* | können | verstehen | diese Wörter | nicht | .

....

7

Put the mixed up sentences in the right order. Remember the position of the modal verb and the infinitive. Then translate them.

a den Satz | wiederholen | muss | er |

Er muss den Satz wiederholen.

Translation: *He has to repeat the sentence.*

b kannst | den Beamer | holen | bitte | du | ?

Translation: ....

c viel | arbeiten | musst | du | ?

Translation: ....

d diese Wörter | Iwona | muss | nachschauen | .

Translation: ....

e oft | unseren Sohn | besuchen | können | wir | .

Translation: ....

f ich | das | nicht | verstehe | .

Translation: ....

g wiederholen | Sie *(formal!)* | das | können | bitte | ?

Translation: ....

8

Connect the personal pronouns with the corresponding forms of *können*.

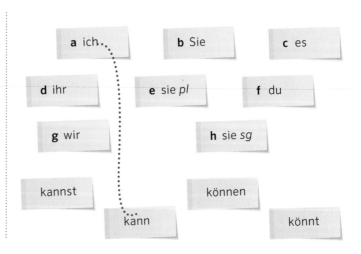

a ich

b Sie

c es

d ihr

e sie *pl*

f du

g wir

h sie *sg*

kannst

können

kann

könnt

9

Tick the box with the correct sentence.

Questions

a ☐ Du kannst den Beamer holen?
  ☐ Holst du den Beamer können?
  ☐ Kannst du den Beamer holen?

b ☐ Das nachschlagen sie muss?
  ☐ Sie muss nachschlagen das?
  ☐ Muss sie das nachschlagen?

c ☐ Passiert so etwas oft?
  ☐ So etwas passiert oft?
  ☐ Etwas passiert so oft?

Declarative sentences

d ☐ Kann ich das wiederholen.
  ☐ Ich kann das wiederholen.
  ☐ Ich das wiederholen kann.

e ☐ Musst du das nachschlagen.
  ☐ Nachschlagen du das müssen.
  ☐ Du musst das nachschlagen.

f ☐ Ich kann dich nicht verstehen.
  ☐ Dich nicht ich kann verstehen.
  ☐ Ich nicht verstehen dich kann.

10

Form sentences from the given words and then turn them into questions.

a schwer | Du | arbeiten | musst.
  Du musst schwer arbeiten.
  Musst du schwer arbeiten?

b müssen | Wörter | Wir | die | lernen.

c machen. | die Hausaufgaben* | Ihr | müsst

d Stunde | Sie | die | wiederholen. | müssen

e und | die | planen | müssen | Woche | Jens | Marion.

* die Hausaufgaben *pl* – *the homework*

Intermediate Test 1

1

Which article is right?
Cross out the wrong ones.

a der | die | das Architektin
b der | die | das Präsentation
c der | die | das Garten
d der | die | das Zeit
e der | die | das Monat
f der | die | das Restaurant
g der | die | das Woche
h der | die | das Film

out of 8 points

2

Complete the questions with the correct interrogative pronoun: *wie, wo, woher.*

a .... kommst du?

b .... liegt das?

c .... lange bist du schon in Berlin?

d .... heißt du?

e .... arbeitest du?

f .... alt ist deine Mutter?

out of 6 points

3

◉ 036

Read the following phrases. Then listen to the CD and decide ...

	right	wrong
1 Frau Schneider versteht alles.	☐	☐
2 Martina muss einen falschen Freund wiederholen.	☐	☐
3 Martina ist nicht zufrieden.	☐	☐
4 Yoko hat einen Bruder.	☐	☐
5 Jens ist nicht glücklich.	☐	☐

⬤ of 5 points

4

Here is a short e-mail from a German friend. After you have read it, tick the right answers below.

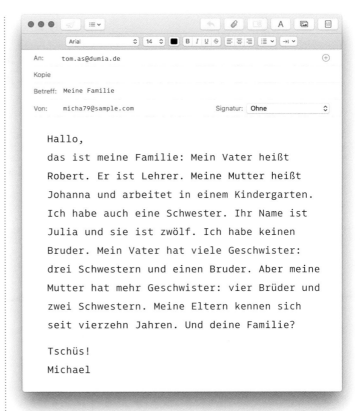

An: tom.as@dumia.de
Kopie
Betreff: Meine Familie
Von: micha79@sample.com   Signatur: Ohne

Hallo,

das ist meine Familie: Mein Vater heißt Robert. Er ist Lehrer. Meine Mutter heißt Johanna und arbeitet in einem Kindergarten. Ich habe auch eine Schwester. Ihr Name ist Julia und sie ist zwölf. Ich habe keinen Bruder. Mein Vater hat viele Geschwister: drei Schwestern und einen Bruder. Aber meine Mutter hat mehr Geschwister: vier Brüder und zwei Schwestern. Meine Eltern kennen sich seit vierzehn Jahren. Und deine Familie?

Tschüs!
Michael

a Julia ist
☐ 2 Jahre alt.
☐ 12 Jahre alt.
☐ 20 Jahre alt.

b Michaels Vater hat
☐ 1 Schwester.
☐ 2 Schwestern.
☐ 3 Schwestern.

c Johanna hat
☐ 6 Geschwister.
☐ 7 Geschwister.
☐ 8 Geschwister.

d Robert und Johanna haben
☐ kein Kind.
☐ 1 Kind.
☐ 2 Kinder.

e Roberts Eltern haben
☐ 5 Kinder.
☐ 6 Kinder.
☐ 7 Kinder.

⬤ out of 5 points

5

◎ 037

Read the three business cards. You can see some information is missing. Now listen to the three short introductions on the CD and fill in the missing information.

6

Read the following answers. Then write down appropriate questions using either the formal *Sie* or the informal *du* as stated.

a ....

.... (Sie)

Herr Schneider: „Ich komme aus

Deutschland."

b ....

.... (du)

Claudia: „Ja, ich kann das wiederholen."

c ....

.... (du)

Brian: „Ja, ich hole den Beamer."

d ....

.... (Sie)

Frau Maier: „Ich arbeite in einer

Consultingfirma."

out of 3 points   out of 4 points

7

Either the plural or the singular is missing. Write down the form.

Singular	Plural
a Land	....
b	Stunden
c	Firmen
d Familie	....
e Lehrer	....
f	Söhne
g Schwester	....
h Mutter	....
i	Häuser
j Restaurant	....

out of 10 points

8

Write the following sentences again but this time use the modal verb given in brackets.

a Sie holt den Laptop. (müssen)

....

b Ich spreche über meine Familie. (können)

....

....

c Ihr wiederholt den Satz. (müssen)

....

d Arbeiten Sie sehr viel? (müssen)

....

out of 4 points

You achieved

out of
45 points

SCORE and ASSESSMENT

40–45
★★★★
Sehr gut!
Very good!
Keep it up!

32–39
★★★ **Gut!**
Good! You're on
the right track.

22–31
★★ **In Ordnung.**
OK. You've already
accomplished
a lot. Repeat
the exercises
which you found
difficult. Then full
marks should be
possible!

Less than 22
★ **Das können Sie
noch besser.**
You can do better.
Review the lessons
where you had dif-
ficulties. Don't just
correct your exercises
but try to understand
why the solution is
correct.

5

SHOPPING

In this lesson you will learn

to buy food →

to ask about prices →

to get to know common quantities and packaging terms →

Dialogue vocabulary

◎ 038

More vocabulary for this dialogue can be found in the thematic vocabulary section on page 78/79.

der **Markt,** Märkte
the market

der **Mann,** Männer
the man

ich **möchte ...**
I would like ...

das **Obst** *(only sg)*
the fruit

kaufen
to buy

das **Gemüse**
(only sg)
the vegetables

rot
red

auf
on; to

Na, ...
Well, ...

Was darf's denn sein?
What would you like to buy?

kosten to cost	**ein halbes Kilo** half a kilo	der/die **Paprika,** -s the pepper
der **Pfirsich,** -e the peach	**Aber gern!** Certainly!, With pleasure!	die **Zucchini,** - the courgette
noch more, else	**Noch etwas?** Anything else?	**wie viel/wie viele** how much/how many
die **Weintraube,** -n the grape	**brauchen** to need	**richtig** right, correct

Auf dem Markt

◉ 039 & 040

 VERKÄUFERIN: Na, junger Mann?
Was darf's denn sein?

 PIERRE: Ich möchte Obst kaufen.
Was kosten die Pfirsiche?

 Die Pfirsiche? Ein Kilo kostet
2,60 Euro.

 O. K., dann bitte vier Pfirsiche.
Und noch Weintrauben, bitte.
Ein halbes Kilo.

 Aber gern.
Noch etwas?

 Ja, noch Gemüse. Ich brauche
rote Paprika und Zucchini.

 Wie viel möchten Sie denn?

 Ich möchte zwei Paprikas und
eine Zucchini, bitte.

— Pierre ist im Supermarkt.
  ☐ richtig ☐ falsch
— Er kauft ein Kilo Pfirsiche.
  ☐ richtig ☐ falsch
—Pierre kauft vier Paprikas.
  ☐ richtig ☐ falsch

◉ 042 & 043

VERKÄUFERIN: Johannes, gib dem Mann bitte das Gemüse. Ist das dann alles?

PIERRE: Ja, vielen Dank.

Möchten Sie auch eine Tüte?

Oh ja, bitte.

Das macht dann zusammen 11,50 Euro. Was gibt es denn zum Essen?

Ich möchte Ratatouille kochen.

Ah, schön! So, Sie bekommen noch 3 Euro und 50 Cent zurück. Bitte.

Danke. Auf Wiedersehen.

Auf Wiedersehen.

Mal sehen … Ich brauche noch Schinken, eine Flasche Wein, einen Karton Milch und zwei Dosen Tomaten. Aber jetzt treffe ich mich erst mit Iwona. Sie wartet sicher schon auf mich …

— **Das Gemüse kostet 3,50 Euro.**
 ☐ richtig ☐ falsch
— **Pierre braucht noch Milch.**
 ☐ richtig ☐ falsch

Dialogue vocabulary

◉ 041

More vocabulary for this dialogue can be found in the thematic vocabulary section on page 78/79.

die **Tüte,** -n
the bag

das **Essen,** -
the food, the meal

kochen
to cook

der **Schinken**
the ham

die **Milch**
the milk

die **Tomate,** -n
the tomato

warten
to wait

gib! (geben *irr*)
give! (to give)

alles
all, everything

Das macht xx Euro.
That's xx Euros.

zusammen
together; *here:* altogether

Was gibt es denn zum Essen?
What will you have for lunch/supper?

schön
nice, beautiful

bekommen *irr*
to get, to receive

zurück
back

bitte
here: here you are

mal sehen
let's have a look

die **Flasche,** -n
the bottle

der **Wein,** -e
the wine

der **Karton,** -s
the carton

die **Dose,** -n
the can

erst
first

sicher
sure(ly), for sure

Weights & packaging

◉ 044

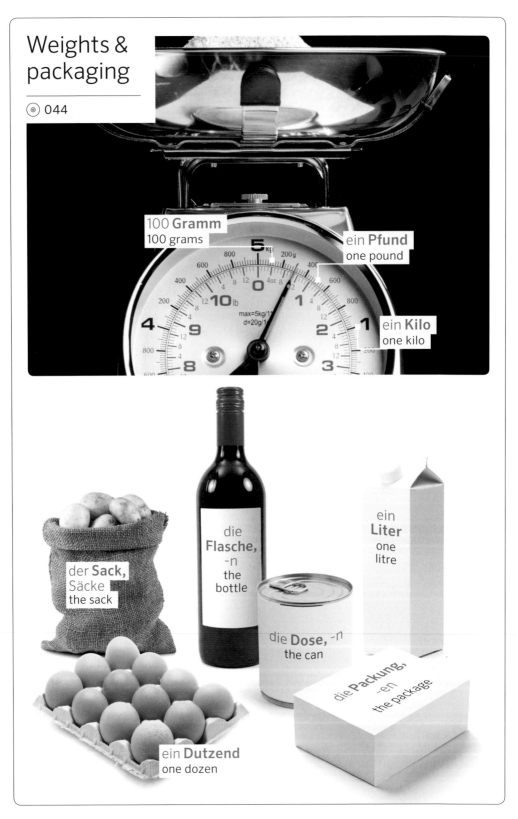

100 **Gramm**
100 grams

ein **Pfund**
one pound

ein **Kilo**
one kilo

der **Sack,**
Säcke
the sack

die **Flasche,**
-n
the bottle

ein
Liter
one litre

die **Dose,** -n
the can

die **Packung,**
-en
the package

ein **Dutzend**
one dozen

Food

◎ 045

das **Hähnchen,** -
the chicken

der **Apfel,** Äpfel
the apple

der **Fisch,** -e
the fish

die **Möhre,** -n
(*also* die
Karotte, -n)
the carrot

das **Fleisch**
(*only sg*)
the meat

die **Nuss,** Nüsse
the nut

die **Birne,** -n
the pear

die **Kartoffel,** -n
the potato

die **Gurke,** -n
the cucumber

die **Zwiebel,** -n
the onion

die **Wurst,** Würste
the sausage

das **Müsli,** -s
the muesli

die **Sahne** (*only sg*)
the cream

das **Ei,** -er
the egg

der **Käse**
(*only sg*)
the cheese

das **Brötchen,** -
the bread roll

der **Schinken,** -
the ham

die **Butter**
(*only sg*)
the butter

das **Brot,** -e
the bread

die **Marmelade,** -n
the jam

1 One word is missing in each line. Choose the right one from the shopping list. Be careful, there are two more words than you need.

Milch | Jahr | Pfirsich | Zucchini | Fleisch | Brot | Tüte | kaufen

a Tomate, Paprika, Gurke, *Zucchini*

b Schinken, Wurst, Hähnchen, ...

c Dose, Flasche, Packung, ...

d brauchen, geben, kosten, ...

e Käse, Sahne, Joghurt, ...

f Weintraube, Apfel, Birne, ...

2 Connect the questions with the right answers.

1
Was kosten die Orangen?

a
Geben Sie mir bitte zwei Gurken.

2
Was darf's denn sein?

b
Ein Kilo kostet 3 Euro.

3
Ist das dann alles?

c
Ich möchte Wurst kaufen.

4
Wie viele Gurken möchten Sie?

d
Nein, ich brauche noch Gemüse.

3 What's the German word?

a *die Tomate*
the tomato

b
to buy

c
the bag

d
to cook

e
the fruit

f
to wait

g
the vegetables

h
the food, the meal

i
the milk

j
red

The imperative

The imperative is the form used for commands and requests.

2ND PERSON SINGULAR

Declarative sentence:
Du kommst mit mir.

Rule:
no pronoun
omit ending **-st**

Komm mit mir!

Come with me!

2ND PERSON PLURAL

Declarative sentence:
Ihr kommt mit mir.

Rule:
no pronoun

Kommt mit mir!

Come with me!

FORMAL SINGULAR AND PLURAL

Declarative sentence:
Sie kommen mit mir.

Rule:
keep the pronoun

Kommen Sie mit mir!

Come with me!

Nullartikel

Nullartikel means no article is needed in front of the noun. As in English, nouns of unspecified quantity are used without any article.

Ich liebe Schinken.
I love ham.

The *Dativ* case

The English indirect object is the *Dativ* in German.

Certain verbs must have an object in the dative (for the accusative see p. 50). An -n is added to the noun in the plural (if not already there).

Examples of verbs which take the dative:

bringen
to bring

geben
to give

schenken
to give (as a present)

zeigen
to show

erklären
to explain

Ich bringe dem Hund ein Kissen.

I bring the dog a cushion.

Ich zeige einer Freundin den Baum.

I show the tree to a friend.

Ich schenke meinen Kindern kein Handy.

I don't give my kids a mobile.

CASE	MASCULINE SINGULAR	FEMININE SINGULAR	NEUTER SINGULAR	PLURAL
Nom.	der	die	das	die
Dat.	dem	der	dem	den (noun + n)
Nom.	ein	eine	ein	–
Dat.	einem	einer	einem	– (noun + n)
Nom.	mein, dein …	meine, deine …	mein, dein …	meine, deine …
Dat.	meinem, …	meiner, …	meinem, …	meinen, … (noun + n)

NB: **kein** is declined in the same way as the possessive pronoun (**keinem, keiner, …** etc).

4

Put the mixed up sentences in the right order with the verb in the imperative.

a Papa | Apfel | den | geben
Gib Papa den Apfel! !

b Herr Huber | Laptop | den | bitte | Sie | holen
Herr Huber, !

c Kartoffeln | geben | drei Kilo | Frau Müller | Sie
.... !

d eure Tante | bitte | Peter und Lisa | jetzt | besuchen
Peter und Lisa, !

5 ⊚ 046

Listen to the special offers on the CD. Now write down the right prices for the groceries.

a Kartoffeln:
.... pro* Kilo

b Birnen:
.... pro Kilo

c Schinken:
.... pro Packung

d Wein:
.... pro Flasche

* pro (Kilo) – *per (kilo)*

6

What do you say to whom? Match the imperative forms with the correct person/people.

a Iwona und Pierre:
studiert!
....
....

b Frau Müller / Herr und Frau Müller:
....
....
....

schlag ... nach!

kaufen Sie!

benutzt!

frag!

warten Sie!

studiert!

wiederholt!

gib!

besuchen Sie!

c Susan:
....
....
....

7

2nd person singular *(du)*	2nd person plural *(ihr)*	formal address *(Sie)*
sag!	sagt!	sagen Sie!
beginn!		beginnen Sie!
	macht!	
		lernen Sie!
frag!		
	plant!	
		wiederholen Sie!

Which is the correct imperatve form? Fill in the gaps in the table opposite.

8

 047

Listen to the CD. Now fill in the gaps on your shopping list.

Markt:

a ....Tomaten

b 1 ....

c ....Kilo ....

d ....Bananen

e 0,5 kg ....

Supermarkt:

f 400 g ....

g ....Flaschen ....

h 1 ....Milch

9

Fill in the gaps with the article in the correct form. It may be definite, indefinite or a *Nullartikel*.

Harald ist Verkäufer auf (a) dem ...... Markt. (b) .... Mann kommt und möchte (c) .... Liter Milch. Harald verkauft* (d) .... Mann auch (e) .... Käse und (f) .... Kilo Fleisch. Dann möchte (g) .... Frau (h) .... Butter, (i) .... Eier und (j) .... Flasche Apfelsaft. Harald gibt (k) .... Frau auch eine Tüte.

* verkaufen – *to sell*

10

Add the imperative form of the verbs. See who is talking to whom to decide whether it's singular, plural or the formal address. If there's a dative form in the sentence, underline it.

a Mutter zu ihrem Sohn: „ *Gib* Papa das Brot!" geben

b Verkäufer zu der Kundin: „ .... die Marmelade! Das ist ein Sonderangebot*." kaufen

c Vater zu Tochter und Sohn: „ .... Mama die Weintrauben! geben

d Kundin zu dem Verkäufer: „ .... Sie mir bitte eine Flasche Wein." geben

e Martina zu Pierre: „ .... bitte das Wort!" wiederholen

f Martina zu Yoko, Brian, Susan ...: „ .... eure Hausaufgaben!" machen

g Jens zu Pierre und Iwona: „ .... Martina! Ich bin kein Deutschlehrer." fragen

* die Kundin, -nen – *the customer (female)*
** das Sonderangebot, -e – *the special offer*

11

Using the food vocabulary from page 79, put the items into the correct categories below.

Obst

....

....

Gemüse

....

....

....

Fleisch/Fisch

....

....

....

....

Milchprodukte *(dairy products)*

....

....

....

Andere *(others)*

....

....

....

....

....

6

IN A
RESTAURANT

In this lesson you will learn

to order something to eat or drink →

to ask for the bill in a restaurant or café →

to talk about food →

Dialogue vocabulary

◉ 048

der **Kuchen,** -
the cake

der **Kellner,** -
the waiter

die **Tasse,** -n
the cup

der **Apfelkuchen,** -
the apple cake

die **Schlagsahne**
(only sg)
the whipped cream

der **Supermarkt,**
-märkte
the supermarket

der **Stand,** Stände
the (market) stand

das **Café,** -s
the café

Was hätten Sie denn gerne?
What would you like?

der **Kaffee** *(only sg)*
the coffee

das **Stück,** -e
the piece

Ich hätte gerne ...
I'd like (to have) ...

der **Milchkaffee,** -s
the cafè au lait

die **Schokoladen- torte,** -n
the chocolate gateau

Könnte ich ...?
Could I ...?

etwas
here: some, a little

natürlich
naturally, of course

französisch
French

die **Spezialität,** -en
the specialty

erzählen
to tell

Für mich einen Kuchen

◉ 049 & 050

Iwona und Pierre sitzen in einem Café.

KELLNER: Guten Tag. Was hätten Sie denn gerne?

IWONA: Guten Tag. Für mich eine Tasse Kaffee und ein Stück Apfelkuchen, bitte.

Und für Sie?

PIERRE: Ich hätte gerne einen Milchkaffee und ein Stück Schokoladentorte. Könnte ich bitte auch etwas Schlagsahne bekommen?

Ja, natürlich.

Kommst du jetzt vom Markt?

Ja! Und der Markt ist toll – viel besser als ein Supermarkt. Es gibt sogar einen Stand mit französischen Spezialitäten. Das muss ich meiner Mutter erzählen!

— Iwona isst ein Stück
☐ Apfelkuchen.
☐ Schokoladentorte.
— Pierre möchte
☐ etwas Schlagsahne.
☐ keine Schlagsahne.

◎ 052 & 053

 IWONA: *(etwas später)* Und? Wie ist deine Torte?

 PIERRE: Sehr lecker! Möchtest du sie probieren?

 Gern! Oh ja, sehr lecker! Hier, probier auch von meinem Kuchen.

 Danke. Mmm, schmeckt mir sehr!

 KELLNER: *(noch etwas später)* Darf ich Ihnen noch etwas bringen?

 Nein danke, aber könnten wir bitte die Rechnung bekommen?

 Ja, sehr gern.

 Wie ist das in Deutschland? Geben wir dem Kellner auch Trinkgeld?

 Ja, etwas Trinkgeld ist üblich. Und dann müssen wir gehen. Jens und Martina warten sicher schon.

 Jens und Martina? Treffen wir uns nicht morgen?

 Nein Pierre, wir treffen uns heute!

— Iwona findet Pierres Torte
  ☐ nicht lecker. ☐ sehr lecker.
— Pierre und Iwona treffen sich
  ☐ heute ☐ morgen
  mit Jens und Martina.

Dialogue vocabulary

◎ 051

die **Torte,** -n
the gateau

lecker
tasty, delicious

probieren
to try, to taste

schmecken
to taste

bringen *irr*
to bring, to get

Könnten wir ...?
Could we ...?

die **Rechnung,** -en
the bill

geben *irr*
to give

das **Trinkgeld**
(*mostly sg*)
the tip

später
later

gern(e)
gladly, with pleasure

üblich
normal, common

morgen
tomorrow

Restaurant menu

◉ 054

Restaurant im Turm
Tower Restaurant

die Speisen pl
the dishes

das **Schnitzel**, -
the schnitzel

der **Braten**, -
the roast

die **Kartoffeln** pl
the potatoes

die **Nudeln** pl
the noodles, the pasta

der **Reis** (only sg)
the rice

die **Pommes (frites)**
(only pl)
the chips, the fries

die **Suppe**, -n
the soup

der **Salat**, -e
the salad

die Getränke pl
the beverages

das **Bier**, -e
the beer

der **Wein**, -e
the wine

das **(stille) Wasser**
(only sg)
the (still) water

der **Sprudel**, -
the sparkling water

die **Limo**, -s (abbr. of
die **Limonade**, -n)
the lemonade

der **Saft**, Säfte
the juice

die **Schorle**, -n
juice or wine mixed
with sparkling water

der **Kaffee**, -s
the coffee

der **Tee**, -s
the tea

1 Imagine you're in a restaurant. What would you say to get these dishes or drinks?

eine Suppe

ein Schnitzel mit Kartoffeln

eine Tasse Tee

ein Glas Limo

ein Salat

ein Stück Apfelkuchen

2 Let's try to make composite nouns. Which of the following combinations make meaningful words? In some cases more than one solution is correct.

a Apfel
☐ Kuchen ☐ Salat ☐ Suppe

b Tomaten
☐ Kuchen ☐ Kaffee ☐ Suppe

c Milch
☐ Salat ☐ Saft ☐ Kaffee

d Zwiebel
☐ Kuchen ☐ Saft ☐ Suppe

e Nudel
☐ Saft ☐ Salat ☐ Suppe

f Kartoffel
☐ Kaffee ☐ Saft ☐ Suppe

3 What's the German word?

a *der Supermarkt*
the supermarket

b
....
the cup

c
....
the gateau

d
....
the waiter

e
....
tasty, delicious

f
....
to give

g
....
to try, to taste

h
....
to bring

i
....
the cake

j
....
the tip

The days of the week and adverbs of time

Adverbs of time indicate when something happens or in which order. All adverbs can take the first position in a sentence.

If you have more than one adverb, the adverb of time is usually placed first and the adverb of place last.

		morgens *in the morning*	mittags *at noon*	abends *in the evening*
MONTAG *Monday*	**vorgestern** *the day before yesterday*			
DIENSTAG *Tuesday*	**gestern** *yesterday*			
MITTWOCH *Wednesday*	**heute** *today*	**früher** *earlier*	**jetzt** *now*	**später** *later*
DONNERSTAG *Thursday*	**morgen** *tomorrow*			
FREITAG *Friday*	**übermorgen** *the day after tomorrow*			
SAMSTAG *Saturday*				
SONNTAG *Sunday*				

Jetzt scheint hier endlich die Sonne!
Now the sun is finally shining here!

Polite forms

You can use these phrases when you want something.

Ich möchte zwei Kugeln, bitte.
I would like two scoops, please.

Ich hätte gerne Mango-Basilikum und Apfel-Gurke.
I'd like (to have) mango-basil and apple-cucumber.

Könnten Sie bitte weitergehen?
Could you move along please?

Und könnte ich eine vegane Waffel bekommen?
And could I have a vegan cone?

Three- and four-digit numbers

4 → 6 → 7 ⇄ 3
thousands hundreds   tens   ones

viertausendsechshundertdreiundsiebzig

Two-digit numbers from 21 onwards are spoken in the reverse order in German. The ones come before the tens. This is also the case when they are part of a bigger number.

1984
neunzehnhundertvierundachtzig

The years between 1100 and 1999 are expressed in tens of hundreds. From 2000 on they are commonly said as numbers: 2019 (zweitausendneunzehn).

100	(ein)hundert
101	hunderteins
110	hundertzehn
168	hundertachtundsechzig
200	zweihundert
1000	(ein)tausend
2000	zweitausend
9854	neuntausendachthundertvierundfünfzig

Cases with personal pronouns

Pronouns usually replace nouns and are declined.

The nominative forms were already dealt with on p. 18. Here are the accusative and dative forms.

Warum rufen sie immer mich?
Why do they always call me?

Ich bringe ihnen zwei Gläser Wein.
I'll bring them two glasses of wine.

Und ihr bringe ich noch einen Kuchen.
And for her I'll bring another piece of cake.

Oh Gott, das ist mir zu viel.
Oh God, this is all too much for me.

Der Kuchen schmeckt* dir sehr …
You like the cake very much …

Möchtest du ihn probieren?
Would you like to try it?

Könnten Sie uns bitte die Rechnung bringen?
Could you bring us the bill, please?

* Certain verbs always put their object in the dative, even if it looks like a direct object. Further examples are **danken** *(to thank)*, **helfen** *(to help)*, **antworten** *(to answer)*, **folgen** *(to follow)*.

Nom.	ich	du	er	sie	es	wir	ihr	sie	Sie
Akk.	mich	dich	ihn	sie	es	uns	euch	sie	Sie
Dat.	mir	dir	ihm	ihr	ihm	uns	euch	ihnen	Ihnen

4

◉ 055

Martina and Jens are in a restaurant. Listen to the short dialogue on the CD and tick who orders what.

	Martina	Jens
Wasser	☐	☐
Bier	☐	☐
Salat	☐	☐
Suppe	☐	☐
Schnitzel mit Pommes	☐	☐
Fisch mit Kartoffeln	☐	☐
Rechnung	☐	☐

5

How are you? Fill in the missing dative pronouns. Look who answers and use the appropriate pronouns.

a Wie geht es *euch* ?

    IWONA UND PIERRE: .... geht es gut!

b Wie geht es .... ?

    MARTINA: Danke, es geht .... gut.

c Wie geht es .... ?

    FRAU SCHNEIDER: Na ja, ... geht es nicht so gut.

6

Which of the following temporals adverbs fit in the gaps in the dialogue? One will be left over.

gestern

früher

vorgestern

jetzt

später

heute

übermorgen

IWONA: Pierre, kommst du mit ins Café? Ich muss (a) *jetzt* etwas essen und trinken.

PIERRE: Nein, ich muss noch Hausaufga-ben* machen. Ich möchte (b) .... ins Café gehen. Mein Deutsch ist nicht so gut. Martina war (c) .... und (d) .... nicht zufrieden mit mir. Morgen und (e)................ .... haben wir Deutschkurs.

IWONA: Ach Pierre! Ich habe meine Hausaufgaben (f) .... schon fertig. Also, ich gehe jetzt ins Café. Tschüs!

* die Hausaufgaben *pl* – *the homework*

7

Fill in the gaps with the appropriate personal pronouns in the nominative or dative.

a Pierre bestellt* seiner Freundin Iwona ein Stück Torte.

.._Er_... bestellt _ihr_........ ein Stück Torte.

b Die Torte schmeckt Iwona.

.... schmeckt ....

c Martina gibt Jens einen Pfirsich.

.... gibt .... einen Pfirsich.

d Der Pfirsich schmeckt Jens.

.... schmeckt ....

e Der Vater kauft den Kindern ein Eis**.

.... kauft .... ein Eis.

f Die Kinder fragen den Vater:

Kaufst .... noch ein Eis?

* bestellen – *to order (e.g. in a café)*
** das Eis *(mostly sg)* – *the ice cream*

8

Complete the sentences with a personal pronoun in the right case.

a Gib der Frau bitte das Obst.

Gib _ihr_...... bitte das Obst.

b Martina ist Lehrerin. .... ist Lehrerin.

c Ich bringe dem Kunden* einen Kaffee.
Ich bringe .... dem Kunden.

d Ich bringe dem Kunden einen Kaffee.
Ich bringe .... einen Kaffee.

e Pierre gibt Iwona eine Orange.
.... gibt Iwona eine Orange.

f Pierre gibt Iwona eine Orange.
Pierre gibt .... Iwona.

* der Kunde, -n – *the customer (male)*

9

Write the following numbers as words.

a 357   *dreihundertsiebenundfünfzig*

b 812 ....

c 1001 ....

d 2018 ....

e 4320 ....

f 9999 ....

10

Pierre orders for himself and Iwona in a café. Fill in the missing pronouns in the correct case.

PIERRE: Bitte bringen Sie meiner Freundin einen Apfelkuchen und (a) *mir* eine Schokoladentorte.

KELLNER: Gern. Ich bringe also (b) .... einen Apfelkuchen und (c) .... ein Stück Schokoladentorte. Möchten Sie auch Kaffee?

PIERRE: Meine Freundin trinkt Tee, aber für (d) .... einen Milchkaffee bitte.

KELLNER: Gern, (e) .... bringe für (f) .... eine Tasse Tee und für (g) .... einen Milchkaffee.

PIERRE: Iwona, schmeckt (h) .... der Kuchen?

IWONA: Ja, (i) .... schmeckt lecker. Und die Torte, schmeckt sie (j) ....?

PIERRE: Nein, (k) .... schmeckt (l) .... nicht, (m) .... ist sehr süß!

7
LEISURE TIME IN A CITY

In this lesson you will learn

to talk about your leisure time →

to express your wishes and preferences →

to buy tickets for a museum →

Dialogue vocabulary

◉ 056

die **Sehens-
würdigkeit,** -en
the place of interest

der **Fernsehturm,**
-türme
the television tower

der **Spazier-
gang,** -gänge
the walk

durch
through

die **Stadt,** Städte
the city, the town

das **Wetter**
(only sg)
the weather

finden *irr*
to find; *here:* to think

das **Museum,**
Museen
the museum

die **Museumsinsel**
the Museum Island Berlin

unternehmen *irr*
to do, to undertake

Wart ihr ... ?
Have you been ... ?

lieber
rather, preferably

am besten
best

interessant
interesting

welche(r, -s)
which

einige
some

Berliner Sehenswürdigkeiten

◎ 057 & 058

Iwona, Martina, Pierre und Jens treffen sich am Brandenburger Tor.

 JENS: Hallo Iwona! Hi Pierre. Wie geht's euch?

 IWONA: Gut, danke.

 PIERRE: Hi. Was unternehmen wir denn heute?

 Wart ihr schon auf dem Fernsehturm am Alexanderplatz?

 Nein, aber können wir nicht lieber einen Spaziergang durch die Stadt machen?

 MARTINA: Das Wetter ist heute nicht so gut. Am besten finde ich ein Museum!

 Ja, und das ist sicher interessanter als ein Spaziergang.

 O. K, aber welches Museum?

 Auf der Museumsinsel sind einige Museen.

— **War Iwona schon auf dem Fernsehturm?**
☐ ja ☐ nein
— **Wer möchte einen Spaziergang machen?**
☐ Martina ☐ Iwona

◉ 060 & 061

JENS: Martina, die Museen dort machen alle schon um 18 Uhr zu. Es ist halb vier – das ist zu wenig Zeit. Aber kennt ihr schon das Mauermuseum? Das ist länger offen.

PIERRE: Nein, was gibt es da zu sehen?

Alles rund um die Berliner Mauer. Wir gehen dann am Abend noch auf den Fernsehturm und sehen Berlin bei Nacht!

IWONA: Ja, das hört sich toll an. Das machen wir.

Die vier kommen am Mauermuseum an.

Bitte vier Eintrittskarten. Gibt es eine Ermäßigung für Studenten?

VERKÄUFERIN: Ja. Wie viele Studentenkarten möchten Sie?

Eine Karte für einen Studenten und drei normale, bitte.

Darf ich bitte Ihren Studenten-ausweis sehen? Danke. Das macht dann zusammen 47 Euro.

— Wohin gehen die vier?
☐ in ein Museum
☐ an die Berliner Mauer
— Wer bekommt eine Ermäßigung?
☐ Pierre ☐ Iwona

Dialogue vocabulary

◉ 059

halb vier
half past three

das **Mauermuseum**
the Wall Museum

offen
open

sehen *irr*
to see

die **Mauer, -n**
the wall

der **Abend, -e**
the evening

die **Eintritts-karte, -n**
the (admission) ticket

sie **machen zu**
(**zumachen** *sep*)
they close (to close)

zu wenig
too little, not enough

länger
longer

da
there

alles rund um …
all about …

bei Nacht
at night

die **Nacht,** Nächte
the night

**Das hört sich
toll an.**
That sounds great.

sie **kommen an**
(**ankommen** *irr sep*)
they arrive (to arrive)

die **Ermäßigung, -en**
the discount,
the reduction

der **Student, -en**
the student

die **Karte, -n**
the ticket; the card;
the map

normal
normal, regular

der **Studenten-
ausweis, -e**
the student ID

Leisure time

◉ 062

spazieren gehen *irr*
to stroll, to walk

ein Museum besichtigen
to visit a museum

einkaufen *sep*, **shoppen**
to go shopping

in eine Ausstellung gehen
to go to an exhibition

eine Stadtrundfahrt machen
to go on a sightseeing tour

ins Kino/ Theater gehen
to go to the cinema/theatre

faulenzen
to do nothing, to be lazy

auf ein Konzert gehen
to go to a concert

1 Composite verbs. Translate by combining a German verb and the correct prefix. Both are listed in the box.

nach | ein | machen | an | hinein | kaufen | weiter | schlagen | machen | zu | gehen | kommen

a to continue *weitermachen*

b to go inside ....

c to look up ....

d to arrive ....

e to go shopping ....

f to close ....

2 Connect the boxes with the same meaning.

1 spazieren gehen

2 Studenten-karte

3 Öffnungszeit

4 Sehens-würdigkeit

5 Studenten-ausweis

a Wann ist das Museum offen?

b ein Ausweis für Studenten.

c Was gibt es in der Stadt zu sehen?

d Einen Spazier-gang machen.

e Eine Eintritts-karte für Studenten.

3 What's the German word?

a *sehen*
to see

b
through

c
to find

d
the wall

e
the weather

f
open

g
the city, the town

h
the museum

i
to go shopping

j
the evening

Comparisons

For most adjectives and some adverbs you add ...-er for the comparative and am ...-(e)sten for the superlative.

For some adjectives like **groß** *(big, tall)* and **lang** *(long)* an umlaut is added:
größer – am größten
länger – am längsten

NB: Declined adjectives (used in front of nouns) follow the rules which will be explained in chapters 16 and 18.

BASIC FORM
langweilig
boring

COMPARATIVE
langweiliger
more boring

SUPERLATIVE
am langweiligsten
most boring

Some forms are irregular.

gut
good

besser
better

am besten
best

gern
gladly

lieber
more gladly

am liebsten
most gladly

viel
much

mehr
more

am meisten
most

To compare two things, the conjunction **als** *(than)* is used:

Mein Fahrrad ist größer als deins.
My bicycle is bigger than yours.

The simple future

An easy and common way to speak about the future is to use the present tense with a temporal adverb.

Morgen werfe ich dich raus!
Tomorrow, I'll kick you out!

Ich fliege nächste Woche sowieso in den Süden.
I'll fly to the south next week anyway.

The time

There are two ways to say what time it is in German. The first is more formal and uses the 24 hour clock. The second is less formal and uses the 12 hour clock.

Es ist vierzehn Uhr.

Es ist zwei (Uhr).

It's two o'clock (p.m.)

Es ist vierzehn Uhr fünfzehn.

Es ist Viertel nach zwei.

It's a quarter past two (p.m.).

Es ist vierzehn Uhr dreißig.

Es ist halb drei.

It's half past two (p.m.).

NB: in German the half hour is "half before ..." not "half past ..."!

Es ist vierzehn Uhr fünfundvierzig.

Es ist Viertel vor drei.

It's a quarter to three (p.m.).

4

Put the adjective/adverb in the comparative and use any given information in brackets to complete the sentences.

a Hamburg ist groß. Berlin *ist größer* .

b Iwona geht gern in die Stadt. Martina ....

....

(in ein Museum gehen).

c Ein Spaziergang ist gut. Eine Stadtrundfahrt ....

....

d Jens geht gern ins Kino. Martina ....

.... (ins Theater).

e Das Ägyptische Museum ist interessant.

Das Mauermuseum ....

f Berlin bei Tag ist toll. Berlin bei Nacht ....

5

How would you react in the following situations? Choose the right reply from the box and read it aloud.

Ich faulenze lieber.

Gibt es eine Studentenermäßigung?

Ich hätte gerne eine normale Eintrittskarte und zwei für Studenten.

Ich gehe lieber einkaufen als ins Theater.

Um wie viel Uhr macht das Museum zu?

Was kostet eine normale Eintrittskarte?

Ich möchte lieber eine Stadtrundfahrt machen.

a You want to buy a normal ticket and two student tickets.

b You'd rather go shopping than to the theatre.

c You want to know when the museum closes.

d You need to know if there's a discount for students.

e You tell your friend that you prefer to go on a sightseeing tour.

f You prefer to be lazy.

g You want to know how much a normal ticket costs.

6

These sentences
are mixed up.
Put them into the
correct order.

a ins | Museum | gehen|
wann | wir | ?

Wann gehen wir ins
Museum?

b gehen | morgen |
Museum | wir | ins | .

....

....

c der | wie viel | um |
Uhr | zu | Supermarkt |
macht | ?

....

....

....

d macht | um | zu | Uhr |
20 | er | .

....

....

e gehen | wann | wir |
Kino | ins | ?

....

....

f wir | Abend | am | ins |
gehen | Kino | .

....

....

8 ⊚ 063

Listen to the CD.
In each sentence
you'll hear a
time. Write the
number of this
sentence next to
the correct
time opposite.
One time has
no matching
sentence.

11.15 Uhr: ....

14.00 Uhr: ....

9.45 Uhr: ....

8.45 Uhr: ....

19.15 Uhr: ....

15.30 Uhr: *1*
....

18.30 Uhr: ....

15.00 Uhr: ....

7

Fill the missing
words or word
endings in the
gaps.

a Japanisch ist einfach *er*
als Chinesisch, aber
Deutsch ist *am*
einfachsten.

b Arbeiten macht glücklich........ als Faulenzen,
aber Sport macht am
....

c Eltern gehen langsam.....
.... Kinder, aber
Großeltern gehen ....
....

d Pfirsiche schmecken
süß...... .... Äpfel,
aber Marmelade
schmeckt ....
....

e Präsentationen sind
interessanter ....
Unterricht, aber
Museen ....
....

9

When stating a time, you can place the temporal adverb directly after the verb but also at the beginning of the sentence. In the latter case, the subject and the verb change places, which is called inversion. (Actually this applies to all adverbs in German sentences.) Please look at the example and then put the following sentences into the inverted word order.

Heute machen wir keinen Spaziergang. Das Wetter ist heute nicht so gut.

or: Heute *ist das Wetter* nicht so gut.

a JENS: Die Museen machen um 18 Uhr zu.

or: Um 18 Uhr .... zu.

b MARTINA: Wir gehen am Abend auf den Fernsehturm.

or: Am Abend .... auf den Fernsehturm.

c PIERRE: Übermorgen möchte ich nach Frankreich fahren.

or: .... übermorgen

nach Frankreich ....

d IWONA: Hast du heute Zeit für mich?

PIERRE: Heute ....

....

or: ....

....

10

Tick the boxes where the time is written correctly. Two answers are correct in each case.

a 21.15
Es ist viertel nach einundzwanzig Uhr. ☐
Es ist viertel nach neun. ☐
Es ist einundzwanzig fünfzehn Uhr. ☐
Es ist einundzwanzig Uhr fünfzehn. ☐

b 17.30
Es ist halb fünf. ☐
Es ist halb sechs. ☐
Es ist halb nach siebzehn Uhr. ☐
Es ist siebzehn Uhr dreißig. ☐

c 10.45
Es ist zweiundzwanzig Uhr fünfundvierzig. ☐
Es ist viertel vor zehn. ☐
Es ist zehn Uhr fünfundvierzig. ☐
Es ist viertel vor elf. ☐

8

SPORT
AND HOBBIES

In this lesson you will learn

to give advice →

to talk about your daily routine →

to present your interests, hobbies and favourite sports →

Dialogue vocabulary

◎ 064

der **Sport** (*only sg*)
the sport

ein **Stück**
here: a bit

spielen
to play

joggen
to jog, to run

die **Straße**, -n
the street

die **Laufstrecke**, -n
the running route

das **Stadt-
zentrum**, -zentren
the city centre

nach
after, past

ich **will** (**wollen** *irr*)
I want (to want)

wieder
again

ein paar
(a) few

der **Tipp**, -s
the tip, the hint

Ja, klar.
Yes, of course.

**am liebsten
spiele ich ...**
I like to play ... most

Volleyball (*only sg*)
volleyball (*sport*)

laufen *irr*
to run

an
at, by

du **könntest**
you could

der **Tiergarten**
*large park in central
Berlin*

außerhalb
out of

hinfahren *irr sep*
to get/drive there

Sport **in Berlin**

◉ 065 & 066

Iwona und Martina gehen nach dem Deutschkurs ein Stück zusammen.

 IWONA: Martina, ich will wieder mehr Sport machen. Kannst du mir ein paar Tipps geben?

 MARTINA: Ja, klar. Was machst du denn gerne?

 Am liebsten spiele ich Volleyball. Aber ich gehe auch gern joggen. Wo kann ich das gut machen? Ich laufe nicht gern an der Straße.

 Ja, das kann ich verstehen. Du könntest zum Beispiel im Tiergarten laufen. Es gibt auch tolle Laufstrecken außerhalb des Stadtzentrums ... Da musst du aber erst hinfahren.

— Martina gibt Iwona Tipps.
☐ richtig ☐ falsch
— Iwona will nicht in der Stadt joggen.
☐ richtig ☐ falsch

⊙ 068 & 069

 IWONA: Ich stehe gerne früh auf und gehe joggen. Danach will ich in Ruhe duschen und frühstücken. Ich habe keine Zeit, noch weit zu fahren. Aber wie ist das mit Volleyball?

 MARTINA: Das weiß ich nicht. Aber du solltest mal im Internet suchen – am besten such nach einem Sportverein, vielleicht auch bei der Volkshochschule oder an der Uni.

 Ja, das mache ich. Danke! Welchen Sport machst du denn gerne?

 Ich fahre viel Rad in der Stadt. Sonst mache ich keinen Sport. Am Wochenende machen wir manchmal eine Radtour. Wir nehmen dich auch gerne einmal mit!

 Super! Aber ich habe kein Fahrrad …

 Das ist kein Problem. Du leihst einfach ein Fahrrad aus!

— Iwona joggt am liebsten nach dem Frühstück.
☐ richtig ☐ falsch
— Martina ist in einem Sportverein.
☐ richtig ☐ falsch
— Iwona hat ein Fahrrad.
☐ richtig ☐ falsch

Dialogue vocabulary

◎ 067

aufstehen *irr sep*
to get up

duschen
to shower

frühstücken
to have breakfast

die **Radtour,** -en
the bicycle tour

das **Problem,** -e
the problem

früh
early

danach
afterwards

in Ruhe
in peace

weit
far, long

fahren *irr*
to go, to ride, to drive

du solltest
you should

mal
once

suchen (**nach**)
to search (for)

der **Sportverein**
the sports club

vielleicht
perhaps, maybe

bei
at, by; next to

die **Volkshoch-
schule,** -n
the adult education
centre

die **Uni,** -s *(abbr. of*
die **Universität,** -en)
the university

Rad fahren *irr*
to cycle

sonst
else, otherwise

das **Wochenende,** -n
the weekend

manchmal
sometimes

mitnehmen *irr sep*
to take along

einmal
once; *here:* some time

super
super, great

das **Fahrrad,** -räder
the bicycle, the bike

ausleihen *irr sep*
to borrow

Daily routine

◉ 070

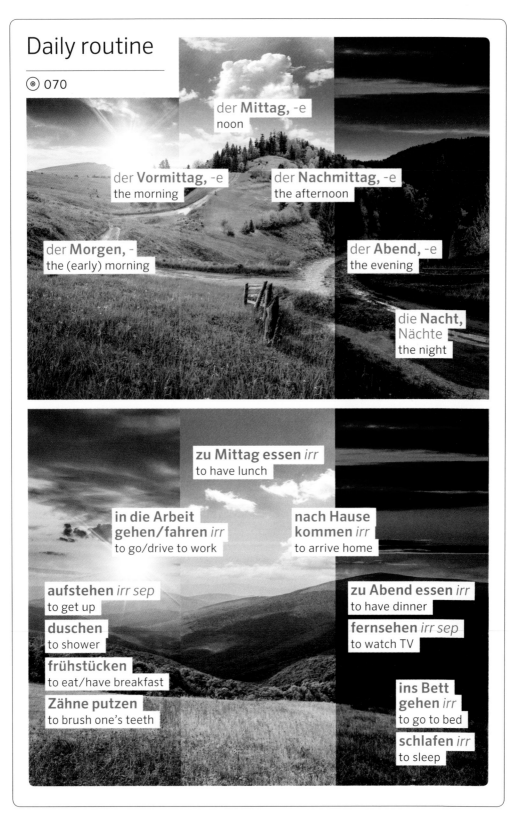

der **Mittag**, -e
noon

der **Vormittag**, -e
the morning

der **Nachmittag**, -e
the afternoon

der **Morgen**, -
the (early) morning

der **Abend**, -e
the evening

die **Nacht**,
Nächte
the night

zu Mittag essen *irr*
to have lunch

**in die Arbeit
gehen/fahren** *irr*
to go/drive to work

**nach Hause
kommen** *irr*
to arrive home

aufstehen *irr sep*
to get up

zu Abend essen *irr*
to have dinner

duschen
to shower

fernsehen *irr sep*
to watch TV

frühstücken
to eat/have breakfast

Zähne putzen
to brush one's teeth

**ins Bett
gehen** *irr*
to go to bed

schlafen *irr*
to sleep

1 A day in the life of Jens. Write down in a few short sentences what he does at what time. Use the less formal time.

a 7.30 (aufstehen – müssen)
Um halb acht muss Jens aufstehen.

b 8.00 (in die Arbeit fahren – müssen)

c 12.30 (zu Mittag essen – wollen)

d 18.15 (nach Hause kommen)

2 Underline the odd word out and then write it in the conjugated form with the given pronoun.

a gehen / joggen / laufen / stehen
   ich *stehe*

b duschen / essen / trinken / schmecken / – ihr

c schwimmen* / Rad fahren / suchen / laufen / – wir

d zu Mittag essen / in die Arbeit gehen / frühstücken / zu Abend essen
   ihr

* schwimmen – *to swim*

3 What's the German word?

a *das Problem*
the problem

b
the sport

c
the street

d
to have breakfast

e
the city centre

f
to get up

g
a bit

h
the bicycle tour

i
to play

j
to shower

The modal verbs
sollen and *wollen*

Modal verbs like *können, müssen, sollen* and *wollen* are combined with a verb in the infinitive (please see chapter 4).

Er soll schlafen.
He should sleep.

sollen	should, ought to
ich	soll
du	sollst
er, sie, es	soll
wir	sollen
ihr	sollt
sie	sollen
Sie	sollen

Sie will schlafen.
She wants to sleep.

wollen	want
ich	will
du	willst
er, sie, es	will
wir	wollen
ihr	wollt
sie	wollen
Sie	wollen

Separable Verbs

Some German verbs have a prefix, usually a preposition, that is separable (*trennbar*).

The infinitive of the following example is losgehen. But when it is used in the present tense, the prefix goes to the end of the sentence.

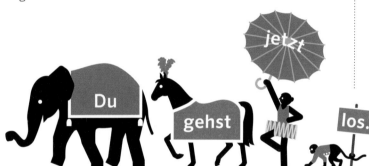

Some more examples:

hinfahren
Ich fahre heute hin.
I go there today.

mitnehmen
Wir nehmen dich mit.
We'll take you along.

ausleihen
Du leihst ein Fahrrad aus.
You borrow a bike.

NB: separable verbs are indicated with the abbreviation *sep* in this book.

You set off now.

When combined with a modal verb, the separable verb is used in the infinitive at the end of the sentence:

You have to set off now.

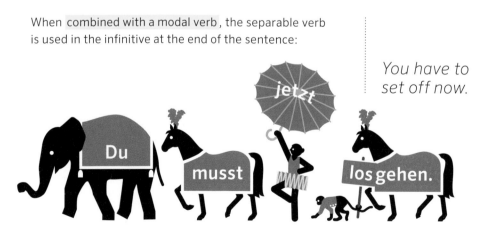

NB: There are also non-separable verbs with prefixes, for example with **ver-**, **ent-**, **be-**, **ge-**:
Er verletzt sich. (*He hurts himself.*) – **Ich besuche dich morgen.** (*I'll visit you tomorrow.*)

Advice

To give someone advice either the imperative is used (chapter 5) or the forms **sollt-** and **könnt-**:

In general the second person (sg/pl) and the formal *Sie* are used to give advice:

du sollten**, ihr sollt**et**, Sie sollt**en
du könntest**, ihr könnt**et**, Sie könnt**en

Ihr solltet **im Internet suchen.**
You should search the internet.

Sie könnten **im Internet suchen.**
You could search the internet.

These forms are more polite than the imperative. And **könnt-** is more like a proposition or suggestion.

**Rate mir:
Was soll
ich tun?**
*Give me some advice:
what should I do?*

**Du solltest mehr
Sport treiben.**
*You should do
more sport.*

**Du könntest
im Park laufen
gehen.**
*You could go jogging
in the park.*

4

Read the text about Jens'
daily routine, then answer
the questions using full
sentences.

Jens steht früh am Morgen um 6.30 Uhr
auf. Dann duscht er und putzt die
Zähne. Später frühstückt er. Er isst ein
Brötchen mit Käse und ein Brötchen mit
Marmelade und er trinkt zwei Tassen
Kaffee. Um 7.30 Uhr fährt Jens in
die Arbeit. Er arbeitet am Vormittag und
am Nachmittag. Zu Mittag isst Jens
ein Hähnchen mit Reis und Salat. Um
18 Uhr kommt er nach Hause. Er trinkt
Tee und isst nicht viel. Jens soll eine
Diät* machen. Später sieht er fern, und
um 23 Uhr geht er ins Bett. Um 23.15 Uhr
schläft er.

* die Diät − *the diet*

a Wann steht Jens auf?

Jens steht um 6.30 Uhr auf.

b Was macht er gleich nach dem
Aufstehen?

....

c Was isst Jens zum Frühstück?

....

....

d Was trinkt er?

....

e Um wie viel Uhr fährt Jens in die Arbeit?

....

f Was isst er zu Mittag?

....

g Wann kommt er nach Hause?

....

h Was trinkt Jens am Abend?

....

i Wann geht er ins Bett?

....

5

◉ 071

Read the sen-
tences opposite.
Then listen to the
three short de-
scriptions of daily
routines on the
CD. Mark them
right or wrong.

	right	wrong
a Pierre isst nichts zum Frühstück.	☐	☐
b Nach der Arbeit geht er einkaufen.	☐	☐
c Martina steht gern früh auf.	☐	☐
d Sie trinkt nur einen Kaffee zum Frühstück.	☐	☐
e Iwona kommt oft erst am Abend nach Hause.	☐	☐
f Am Abend liest sie gern.	☐	☐

6

Fill in the gaps with the correct verbs, either separated or in the infinitive.

mitnehmen

hinfahren

ausleihen

a Iwona will zum Tiergarten.

Sie .... durch

die Stadt ....

Sie muss durch die

Stadt ....

b Iwona braucht ein Fahrrad.

Sie ....

ein Fahrrad ....

Sie möchte ein Fahrrad

....

c Jens und Martina

machen eine Radtour.

Sie .... Iwona

....

Sie möchten sie

....

7

Say it more politely. Change the imperative form into a piece of advice, using *"du solltest"* or *"du könntest"*.

a Mach mehr Sport! –

Du solltest mehr Sport machen.

b Lauf im Tiergarten! –

Du könntest . . .

c Such im Internet! –

....

d Such nach einem Sportverein! –

....

e Kauf auf dem Markt Obst! –

....

f Bring Weintrauben mit! –

....

g Iss nicht so viel Torte! –

....

h Trink keinen Kaffee! –

....

8

Separable Verbs: read
the text and write down
the verbs with separable
prefixes in their infinitive.

Was unternimmt Iwona am Wochenende? Am Wochenende leiht sie ein
Fahrrad aus. Martina und Jens nehmen
sie auf eine Radtour mit. Sie fahren an
den Wannsee außerhalb von Berlin.
Dort schwimmen sie auch. Nach der
Radtour kauft Iwona im Supermarkt
ein. Am Abend geht sie auf eine Party.
Sie fährt mit der U-Bahn* hin. Danach
kommt sie nach Hause und sieht noch
fern. Um halb eins in der Nacht geht
sie ins Bett und schläft.

a *ausleihen*

b ....

c ....

d ....

e ....

* die U-Bahn, -en
– the subway,
underground

9

Now write the text from
the previous exercise again
with the modal verbs given
in brackets. Use the correct
form of the present tense.

Was *soll Iwona am Wochenende*
unternehmen? .... (sollen)

a Am Wochenende ....
.... (können)

b Martina und Jens ....
.... (wollen)

c Sie ....
.... (wollen)

d Dort ....
.... (können)

e Nach der Radtour ....
.... (müssen)

f Am Abend ....
.... (wollen)

g Zur Party ....
.... (müssen)

h Danach kommt sie nach Hause und
....
.... (wollen)

i Um halb eins in der Nacht ....
.... (möchten)

9

FORMING NEW FRIENDSHIPS

In this lesson you will learn

to introduce others and become introduced →

to welcome guests →

to congratulate someone →

Dialogue vocabulary

◎ 072

die **Geburtstags-party**, -s
the birthday party

die **Wohnung**, -en
the flat

klingeln
to ring

hereinkommen
irr sep
to come in

die **Jacke**, -n
the jacket

aufhängen *sep*
to hang up, to put

Herzlichen Glückwunsch!
Congratulations!

der **Geburtstag**, -e
the birthday

das **Geschenk**, -e
the present

die **Küche**, -n
the kitchen

die **Tür**, -en
the door

Alles Gute!
All the best!

die **Einladung**, -en
the invitation

Mensch!
Gosh!, Blimey!

Jens' Geburtstagsparty

◎ 073 & 074

Iwona und Pierre stehen vor der Wohnung von Martina und Jens und klingeln an der Tür ...

JENS: Hallo Iwona! Hi Pierre! Kommt herein. Hier könnt ihr eure Jacken aufhängen.

IWONA: Hallo Jens. Herzlichen Glückwunsch zum Geburtstag.

PIERRE: Ja, alles Gute zum Geburtstag. Und vielen Dank für die Einladung.

Wir haben ein kleines Geschenk für dich. Hier, bitte.

Mensch, vielen Dank! Und willkommen in unserer Wohnung. Martina ist noch in der Küche.

— **Wer hat Geburtstag?**
  ☐ Martina ☐ Jens
— **Wo ist Martina?**
  ☐ in der Küche ☐ an der Tür

◎ 076 & 077

 JENS: Die anderen Gäste sind im Wohnzimmer. Es sind erst zwei da. Ich stelle euch kurz vor: Das ist Kathrin, Martinas Schwester, und ihr Freund Andreas. Und das hier sind Iwona und Pierre. Sie sind aus Martinas Kurs, und Pierre ist auch ein Kollege von mir.

 KATHRIN: Hallo! Schön, euch kennenzulernen.

 IWONA: Hallo.

 PIERRE: Hi, freut mich!

 ANDREAS: Hallo, sehr angenehm.

 Da hinten auf dem Tisch sind Getränke. Bedient euch einfach.

Einige Zeit später

 Du kannst echt gut Deutsch. Sprichst du in der Arbeit auch Deutsch?

 Nicht viel. Wir sprechen dort fast nur Englisch. Wir haben viele internationale Kollegen und Kunden.

 Das ist alles echt interessant! Komm uns doch mal in Potsdam besuchen. Dann reden wir und besichtigen die Stadt.

— Wer ist Andreas?
  ☐ Martinas Bruder
  ☐ Kathrins Freund
— Wo wohnt Kathrin?
  ☐ in Berlin ☐ in Potsdam

Dialogue vocabulary

◉ 075

das **Wohnzimmer**
the living room

kurz
short(ly), brief(ly)

kennenlernen *sep*
to meet, to get to know

Sehr angenehm!
here: Pleased to meet you!

das **Getränk,** -e
the beverage, the drink

Bedient euch einfach.
Just help yourselves.

international
international

reden
to talk

besichtigen
to visit, to go sightseeing

der **Gast,** Gäste
the guest

angenehm
pleasant, kind

in der Arbeit
at work

die **Arbeit,** -en
the work, the job

der **Kunde,** -n
the client, the customer

Rooms

⊚ 078

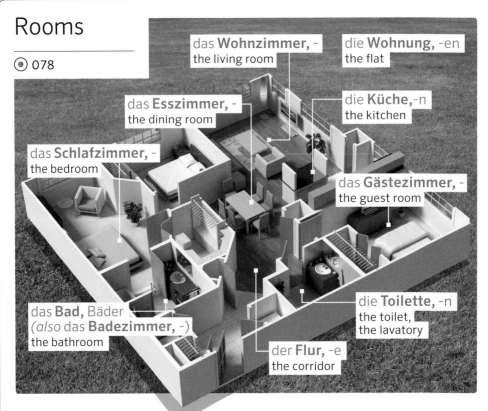

das **Wohnzimmer,** -
the living room

die **Wohnung,** -en
the flat

das **Esszimmer,** -
the dining room

die **Küche,** -n
the kitchen

das **Schlafzimmer,** -
the bedroom

das **Gästezimmer,** -
the guest room

das **Bad,** Bäder
(*also* das **Badezimmer,** -)
the bathroom

die **Toilette,** -n
the toilet,
the lavatory

der **Flur,** -e
the corridor

das **Kinderzimmer,** -
the children's room,
the nursery

das **Arbeitszimmer,** -
the study

der **Keller,** -
the cellar

der **Dachboden,**
-böden
the attic

You'll often see composite nouns in German
like **Kinderzimmer** or **Dachboden**.
The gender (and the plural) of those nouns
is always that of the last noun in the compo-
sition (**das Zimmer,** – in our example).
So **das Kinderzimmer** is also neuter and the
plural is **die Kinderzimmer**.

Some adverbs of place

◉ 079

oben
above

dort
there

da
here/there

hinten
back

hier
here

unten
below

links
left

rechts
right

vorne
in front

1 Connect the verbs with their appropriate prefixes.

1 ein	a kommen
2 auf	b kaufen
3 aus	c lernen
4 sich vor	d leihen
5 herein	e stellen
6 (sich) kennen	f hängen

2 Can you put the mixed up sentences into the right order?

a kennenzulernen | Sie | freut | sehr | mich | . *Freut mich sehr, Sie kennen-zulernen.*

b alles Gute | dir | ich | zum Geburtstag | wünsche | . ...

c vorstellen | möchte | euch | kurz | ich | . ...

d in | willkommen | unserer | herzlich | Wohnung | . ...

e mein | Paul | Kollege | das | ist | . ...

3 What's the German word?

a *klingeln*
to ring

b ....
to talk

c ....
to get to know

d ....
to come in

e ....
the kitchen

f ....
short(ly)

g ....
the flat

h ....
the jacket

i ....
the present

j ....
to hang up

Prepositions of place with the dative

Some prepositions of place need an object either in the dative or in the accusative. The dative is used when the preposition specifies a position .

in	*in, on, at*
an	*at, against*
auf	*on*
über	*above*
unter	*beneath*
neben	*by, next to*
zwischen	*between*
vor	*in front of*
hinter	*behind*

wo?

Die Katze sitzt auf dem Regal.
The cat is sitting on the bookcase.

Der Handschuh liegt neben dem Kaktus.
The glove is lying next to the cactus.

Der Kaktus wächst im* Topf.
The cactus is growing in the pot.

Die Posaune lehnt am* Regal.
The trombone is leaning against the bookcase.

*Some prepositions can merge with the definite article which succeeds it:
in + dem = im
an + dem = am

Die Lampe hängt über dem Regal.
The lamp hangs above the bookcase.

Das Auto steht unter der Lampe.
The car is under the lamp.

Die Statue steht zwischen dem Handschuh und den Büchern.
The statue stands between the glove and the books.

Die Tüte ist vor dem Regal.
The bag is in front of the bookcase.

Der Hase sitzt hinter dem Regal.
The rabbit is sitting behind the bookcase.

Statements of time and place

If statements of time and place are used together, the statement of time is normally put first .

I'll be here tomorrow.

The adverb of time is often placed at the beginning of a sentence. In which case the subject comes directly after the verb .

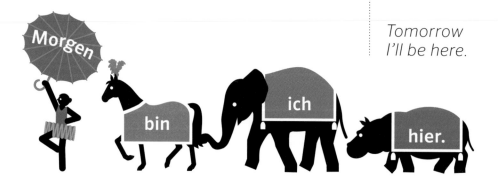

Tomorrow I'll be here.

4

Fill in the gaps with the correct preposition and/ or article.

a Martina läuft *im*...... Tiergarten

b Iwona läuft nicht gern an .... Straße.

c Iwona sucht einen Sportverein .... Internet.

d Pierre studiert .... der Uni.

e Martina fährt .... Stadt Rad.

f Willkommen .... unserer Wohnung.

g Martina ist .... Küche.

h Die Gäste sind .... Wohnzimmer.

i Die Getränke stehen .... Tisch.

j Iwona soll Kathrin .... Potsdam besuchen.

k Iwona spricht .... der Arbeit nicht viel Deutsch.

5

Who is in which room? Read the text and tick the right box.

Auf der Party von Jens sind viele Gäste. Jens ist gerade im Flur und spricht mit Martinas Schwester Kathrin. Kathrin wartet auf ihren Freund Andreas. Andreas ist auf der Toilette. Iwona sucht Martina. Martina ist nicht in der Küche. Iwona findet sie im Wohnzimmer. Die anderen Gäste sind auch im Wohnzimmer und reden. Aber wo ist Pierre? Er ist nicht im Wohnzimmer. Er ist im Bad.

	Bad	Flur	Küche	Toilette	Wohn-zimmer
Andreas	☐	☐	☐	☐	☐
Jens	☐	☐	☐	☐	☐
Kathrin	☐	☐	☐	☐	☐
Martina	☐	☐	☐	☐	☐
Pierre	☐	☐	☐	☐	☐

6 ◎ 080

Listen to the short dialogues on the CD. Which dialogue belongs to which situation?

a Gäste vorstellen ...3...

b Small Talk ....

c etwas zu trinken holen ....

d zum Geburtstag .... gratulieren

e Gäste empfangen ....

7

Put the sentences in the right order. There are always two possibilites, in question e there are three. NB: the statement of time comes before place.

a im | Iwona | joggt | Tiergarten | heute | .

Iwona *joggt heute im Tiergarten.*

Heute ....

b sie | Stadt | in | der | morgen | aus | ein | Rad | leiht | .

Sie ....

Morgen ....

c Pierre | auf | Markt | dem | kauft | ein | heute | .

Pierre ....

Heute ....

d eine | er | Schokoladentorte | später | Café | im | isst | .

Er ....

Später ....

e sie | sich | treffen | in | Nachtklub | einem | mit | Yoko | Brian | und | später | .

Sie ....

....

Später ....

....

Mit ....

....

8

Make new composite nouns out of the given words and add the correct article.

Party

Stadt

Kinder

Dach

Markt

Geburtstag(s)

Zimmer

Zentrum

Super

Boden

die Geburtstagsparty

....

....

....

....

9

Look at the picture and answer the questions by adding the correct preposition.

a Wo sind das Obst und das Gemüse?

  Sie sind *im* Kühlschrank*.

b Wo ist das Gemüse? Es ist .... dem Obst.

c Wo sind Käse und Eier? Sie sind .... dem Obst.

d Wo ist die rote Paprika?

  Sie ist .... dem Blumenkohl**.

e Wo sind die Gurken?

  Sie sind .... der Paprika und dem Salat.

f Wo ist der Käse? Der Käse ist .... dem Teller.

g Wo sind die Eier? Sie sind .... dem Käse.

h Wo sind die Wasserflaschen?

  Sie sind .... den Eiern.

*   der Kühlschrank − *the fridge*
** der Blumenkohl − *the cauliflower*

10

HOME AND CHORES

In this lesson you will learn

to say what you do and don't like to do →

to apologise →

to talk about the home, furniture and chores →

Dialogue vocabulary

◉ 081

aufräumen *sep*
to clean up, to tidy up

der **Spaß,** Späße
fun; the joke

helfen *irr*
to help

die **Kommode,** -n
the chest of drawers

sauber
clean

das **Regal,** -e
the shelf

tragen *irr*
to carry

das **Geschirr**
(only sg)
the dishes

die **Party,** -s the party	**weg** away, gone	das **Glas,** Gläser the glass
zu Ende over, finished	**war** was	**stellen** to put, to place
das **Ende,** -n the end	**hatten** had	**dreckig** dirty
die meisten most	**Klar!** Sure!	die **Sache,** -n the thing

Aufräumen nach der Party

⊙ 082 & 083

Die Party ist zu Ende und die meisten Gäste sind weg. Nur Iwona und Pierre sind noch da.

IWONA: Die Party war toll! Wir hatten wirklich viel Spaß!

MARTINA: Und ihr wollt uns sicher jetzt beim Aufräumen helfen?

PIERRE: Klar! Das ist ja nicht viel Arbeit! Was sollen wir denn machen?

Pierre, auf der Kommode im Wohnzimmer stehen noch saubere Gläser. Kannst du diese Gläser bitte ins Regal stellen?

Ja, mache ich.

Und trägst du bitte das dreckige Geschirr in die Küche, Iwona? Stell die Sachen dort einfach auf den Tisch.

— Pierre räumt
  ☐ im Wohnzimmer auf.
  ☐ in der Küche auf.
— Martina soll das
  ☐ dreckige ☐ saubere
  Geschirr in die Küche tragen.

◎ 085 & 086

 JENS: Und was darf ich machen?

 MARTINA: Das darfst du dir aussuchen: abspülen oder kehren.

 Kehren mag ich nicht! Ich spüle lieber ab. Wir brauchen dringend einen Geschirrspüler …

 Das ist gut. Kehren ist in Ordnung. Aber ich spüle nicht gern ab. Bringst du dann später Iwona und Pierre zur Tür? … Und nimmst den Müll mit?

 Na ja …

 PIERRE: Oh nein!

 Was ist los?

 Entschuldigung, zwei Weingläser sind kaputt. Das tut mir leid!

 Das macht nichts. Die Gläser waren nicht teuer. Ich mache gleich die Scherben weg.

- **Jens**
  ☐ kehrt gerne. ☐ spült gerne ab.
- ☐ **Iwona** ☐ **Pierre**
  macht die Weingläser kaputt.
- **Die Weingläser waren**
  ☐ sehr teuer. ☐ nicht teuer.

Dialogue vocabulary

◉ 084

aussuchen *sep*
to choose

abspülen *sep*
to do the washing-up

kehren
to sweep

dringend
urgent(ly), badly

der **Geschirrspüler,** -
the dishwasher

der **Müll** *(only sg)*
the rubbish

das **Weinglas,**
-gläser
the wine glass

Was darf ich machen?
What may I do?

du **darfst** (**dürfen** *irr*)
you may (may)

ich **mag ...**
(**mögen** *irr*)
I like ... (to like)

in Ordnung
all right, fine, OK

die **Ordnung,** -en
the order; the tidiness

na ja ...
oh, well ...

Was ist los?
What's the matter?

kaputt
broken

Das tut mir leid!
I'm (really) sorry!,
My apologies!

Das macht nichts.
That doesn't matter.,
Never mind.

teuer
expensive

wegmachen *sep*
to remove

gleich
soon, immediately,
directly

die **Scherbe,** -n
the shard, broken glass

Furniture

◉ 087

das **Regal,** -e
the shelf

der **Sessel,** -
the armchair

der **Stuhl,**
Stühle
the chair

die **Kommode,** -n
the chest of drawers

die **Lampe,** -n
the lamp

das **Sofa,** -s
the couch

der **Tisch,** -e
the table

der **Teppich,** -e
the rug

1 How would you react? Choose the right reply from the speech bubble and read it aloud.

Abspülen ist in Ordnung.

Was ist los?

Das macht nichts.

Das tut mir leid!

Kehren mag ich nicht.

Was soll ich machen?

Stell das dreckige Geschirr in den Geschirr-spüler.

a Say that washing the dishes is OK.

b The sound of breaking glass can be heard. You want to know what happened.

c Ask your friend to put the dirty dishes in the dishwasher.

d Someone stepped on your toe and apologises – but it didn't hurt.

e You want to help clean up but you don't know what to do.

f You broke a plate while cleaning up.

g You don't like sweeping the floor.

2 What's the German word?

e
....
to sweep

h
....
the rubbish

a *helfen*
....
to help

c
....
the dishes

f
....
clean

i
....
fun; the joke

b
....
to choose

d
....
the shelf

g
....
to carry

j
....
the dishwasher

Prepositions of place with the accusative

The same preposition as in chapter 9 take the accusative when they signify movement and/or direction.

in	*into*
an	*against*
auf	*on to*
über	*over*
unter	*beneath*
neben	*by, next to*
zwischen	*between*
vor	*in front of*
hinter	*behind*

wohin?

Stell die Pflanze auf das Regal, zwischen die Katze und das Auto.
Put the plant on the bookcase, between the cat and the car.

Stell den Eiffelturm neben die Statue.
Put the Eiffel Tower next to the statue.

Leg die Brille ins* Regal.
Put the glasses into the bookcase.

Lehn die Schaufel ans* Regal.
Lean the shovel against the bookcase.

*Some prepositions can merge with the definite article which succeeds it:
in + das = ins
an + das = ans

If you ask where? the preposition is followed by a noun in the dative .

If you ask where to? the preposition is followed by a noun in the accusative .

Certain verbs indicate where an object is, and are used with the dative. For example: **sein, stehen, sitzen, liegen.**

Other verbs indicate the movement of an object and are used with the accusative. For example: **stellen, setzen, legen, bringen, tragen.**

wohin?

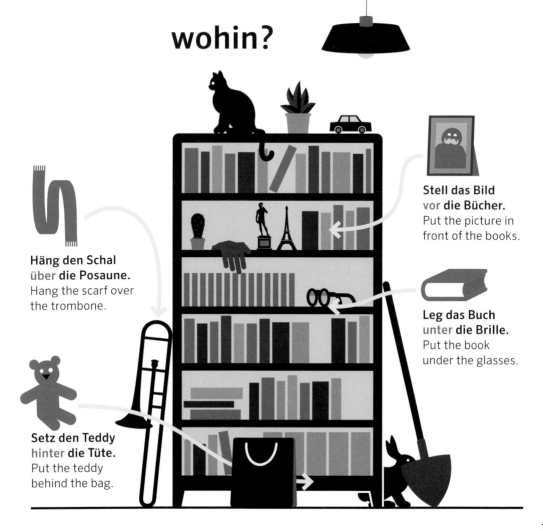

Häng den Schal über die Posaune.
Hang the scarf over the trombone.

Stell das Bild vor die Bücher.
Put the picture in front of the books.

Leg das Buch unter die Brille.
Put the book under the glasses.

Setz den Teddy hinter die Tüte.
Put the teddy behind the bag.

Sein and *haben* in the simple past

The simple past is called *Präteritum* in German.

The *Präteritum* is mainly used in written German for novels or reports. But **haben**, **sein** and the modal verbs are used in the *Präteritum* in spoken German as well.

Here are the *Präteritum* forms of **haben** and **sein** – see chapter 11 for the modal verbs.

Bernhard war pünktlich.

Bernhard was on time.

sein – war	*to be – was*
ich	war
du	warst
er, sie, es	war
wir	waren
ihr	wart
sie	waren
Sie	waren

Zwei Stunden später hatte er die Hoffnung aufgegeben.

Two hours later he had given up hope.

haben – hatte	*to have – had*
ich	hatte
du	hattest
er, sie, es	hatte
wir	hatten
ihr	hattet
sie	hatten
Sie	hatten

3

Fill in the appropriate verb and underline the correct article as shown in the example.

stellen	legen
setzen	hängen

a Martina _stellt_ die Weingläser auf den/die/das Kommode.

b Iwonas Bruder .... seinen Sohn auf den/die/das Toilette.

c Martina .... das Trinkgeld auf den/die/das Tisch.

d Jens .... die Lampe über den/die/das Tisch.

e Brian .... das Fahrrad vor den/die/das Tür.

f Martina .... die Weinflaschen in den/die/das Regal.

4

The verbs look similar but only one is correct. Underline it.

a Auf der Kommode stellen/stehen Gläser.

b Kannst du Messer* und Gabel** neben den Teller*** liegen/legen?

c Iwona, stellst/stehst du das Geschirr in die Küche?

d Lieg/Leg die Sachen bitte unter den Stuhl.

e Die Gäste sitzen/setzen am Tisch.

f Der Apfel legt/liegt hinter dem Schrank****.

g Setz/Sitz das Baby bitte auf das Sofa.

h Steh/Stell die Tasse bitte vor das Glas.

i Das Schnitzel liegt/legt auf dem Teller.

*   das Messer, - – *the knife*
**   die Gabel, -n – *the fork*
*** der Teller, - – *the plate*
**** der Schrank, Schränke – *the cupboard*

5

Fill in the correct *Präteritum* forms of *sein*.

a Pierre und Iwona *waren* im Kino.

b Du .... auf Jens' Geburtstagsparty.

c Als Kind .... ich sehr klein.

d Brian .... gestern auf dem Fernsehturm.

e Wir .... am Sonntag im Café.

f Die Party .... toll.

g .... Sie gestern Abend im Konzert?

h .... das Praktikum interessant?

i .... ihr letzte Woche im Museum?

6

Fill in the correct *Präteritum* forms of *haben*.

a Yoko und Brian *hatten* vorgestern Unterricht.

b Jens .... gestern Geburtstag.

c Du .... Probleme im Deutschkurs.

d Ich .... heute Vormittag viel Hausarbeit.

e Wir Kinder .... viel Freizeit.

f Er .... ein Bier und ein Schnitzel.

g Sie .... einen Kaffee und einen Kuchen.

h Hallo Pierre und Iwona! .... ihr Spaß beim Aufräumen?

i .... Sie das Schnitzel mit Salat?

7

Fill in the gaps with the furniture given in brackets including the correct article. Be careful to use the right case (accusative or dative).

a Die Gläser stehen auf *dem Regal* . (shelf)

b Pierre legt seine Jacke auf .... (couch)

c Iwona sitzt auf .... (chair)

d Der Stuhl steht unter .... (table)

e Jens stellt die Teller in .... (cupboard)

f Martina steht vor ....
(chest of drawers)

g Die Flasche ist neben .... (lamp)

h Das Messer und die Gabel liegen neben
.... (plate)

8

◉ 088

Read the sentences and questions. Listen to the dialogue on the CD and complete or answer them.

a Wo war Pierre gestern?
  ☐ Auf einer
    Präsentation.
  ☐ In der Arbeit.
  ☐ Im Deutschkurs.

b Der Deutschkurs
  gestern war …
  ☐ sehr interessant.
  ☐ schlecht.
  ☐ cool.

c Martina hatte eine
  Präsentation über …
  ☐ Goethe.
  ☐ Freizeit.
  ☐ Partys.

d Wann ist die Party?
  ☐ Heute.
  ☐ Morgen.
  ☐ Übermorgen.

e Und um wie viel Uhr
  beginnt sie?
  ☐ Um 18 Uhr.
  ☐ Um 19 Uhr.
  ☐ Um 20 Uhr.

f Was macht Pierre
  heute noch?
  ☐ Arbeiten.
  ☐ Freunde treffen.
  ☐ Schlafen.

9

Complete the sentences. Use the preposition and object given in brackets, putting the object in the correct case (accusative/ dative). Pay attention to the article!

a Pierre geht *vor die Tür* . (vor – die Tür)

b Die Lampe steht .... (auf – der Tisch)

c Die Orangen liegen ....
  (hinter – die Pfirsiche *(plural!)*)

d Der Teller liegt ....
  .... (zwischen – das Messer und die Gabel)

e Jens stellt einen Stuhl ....
  (an – der Tisch)

f Die Jacke ist .... (in – der Schrank)

g Pierre sitzt ....
  (neben – seine Schwestern *(plural!)*)

h Martina setzt sich .... (auf – das Sofa)

i Iwona stellt die Gläser ....
  (in – das Regal)

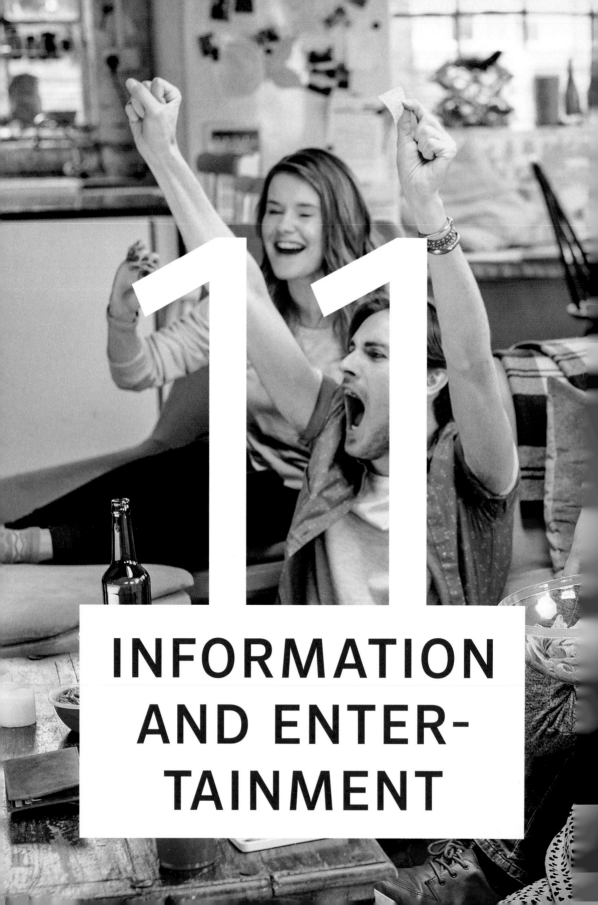

11

INFORMATION AND ENTER- TAINMENT

In this lesson you will learn

to talk about TV programmes →

to search and present short information on mass media →

Dialogue vocabulary

◉ 089

übrig
left (over)

essen *irr*
to eat

ich **konnte nicht**
I couldn't

fantastisch
great, fantastic

Lust haben auf
to feel like doing sth.

das **Fernsehen**
(only sg)
the television

Moment!
Just a moment!

die **Komödie**, -n
the comedy

einladen *irr sep*
to invite

noch einmal
once more, one more
time

ihr **wolltet**
you wanted

also
so; well; thus

**Sehen wir uns noch
einen Film an?**
Shall we still watch
a film?

**im Fernsehen
kommen**
to be on TV

der **Moment**, -e
the moment

die **Fernsehzeit-
schrift**, -en
the TV guide/magazine

der **Privatsender**, -
the private (TV) station

die **Quiz-
sendung**, -en
the quiz show

Ein Fernsehabend

◉ 090 & 091

Von der Party ist noch Essen übrig.
Martina und Jens laden Iwona und
Pierre noch einmal ein.

 IWONA: Das Essen war sehr
lecker! Danke.

 MARTINA: Kein Problem! Ihr
wolltet gestern auf der Party ja
nicht alles essen. Also war noch
viel Essen übrig.

 PIERRE: Ich wollte ja, aber ich
konnte nicht noch mehr essen!
Du kochst fantastisch!

 Danke!

 JENS: Sehen wir uns vielleicht
noch einen Film an? Habt ihr
Lust?

 Ja. Was kommt denn heute
Abend im Fernsehen?

 Moment, ich hole die Fernseh-
zeitschrift. Also … es gibt eine
Komödie auf einem Privatsender. Eine Quizsendung …

— Martina kann gut kochen.
☐ richtig ☐ falsch
— Pierre hat keine Lust auf einen
Film.
☐ richtig ☐ falsch

◉ 093 & 094

 JENS: Oh, im Ersten kommt ein „Tatort"!

 IWONA: Was ist „Tatort"?

 Das ist eine Krimiserie. Normalerweise kommt jeden Sonntag ein Fall aus einem anderen Bundesland …

 MARTINA: Wo spielt er denn heute?

 So ein Zufall! Heute ermitteln die Kommissare aus Berlin!

 PIERRE: Das hört sich gut an. Was meinst du, Iwona?

 Ja, gerne.

 Gut, ihr könnt euch schon auf das Sofa setzen. Trinken wir einen Wein?

 Natürlich!

 Rot oder weiß?

 Rotwein, bitte.

 Ja, für mich auch.

— Iwona möchte eine Krimiserie ansehen.
☐ **richtig** ☐ **falsch**
— Iwona und Pierre trinken beide Rotwein.
☐ **richtig** ☐ **falsch**

?

Dialogue vocabulary

◎ 092

das **Erste** *(only sg)*
here: the first TV channel

die **Krimiserie,** -en
the crime series,
the detective series

der **Zufall,** Zufälle
the coincidence,
the chance

ermitteln
to investigate

trinken *irr*
to drink

weiß
white

der **Rotwein,** -e
the red wine

normalerweise
usually, normally

jede(r, -s)
every, each

der **Sonntag,** -e
Sunday

der **Fall,** Fälle
the case

das **Bundesland,**
-länder
the federal state *(in
Germany or Austria)*

Wo spielt er heute?
Where does it take place
today?

So ein Zufall!
What a coincidence!

der **Kommissar,** -e
the chief inspector,
the detective

**Das hört sich
gut an!**
That sounds great!

meinen
to think, to mean

**ihr könnt euch
setzen**
go and sit down

Natürlich!
Of course!

Genres and media

◉ 095

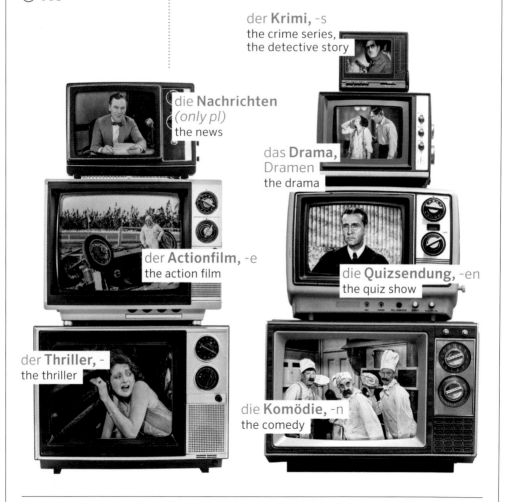

das **Fernsehen** (*only sg*)
the television

der **Krimi,** -s
the crime series,
the detective story

die **Nachrichten**
(*only pl*)
the news

das **Drama,**
Dramen
the drama

der **Actionfilm,** -e
the action film

die **Quizsendung,** -en
the quiz show

der **Thriller,** -
the thriller

die **Komödie,** -n
the comedy

die **Zeitung,** -en
the newspaper

die **Zeitschrift,** -en
the magazine

das **Radio,** -s
the radio

Colours

◎ 096

gelb
yellow

red
rot

grün
green

blau
blue

grau
grey

rosa
pink

braun
brown

schwarz
black

weiß
white

orange(farben)
orange

1 Go to the websites listed below (or maybe you have a TV magazine) and search for the information you need to answer the questions.

ARD (www.daserste.de):

a Welche Sendung kommt normalerweise um 20 Uhr? *Tagesschau*

b Um wie viel Uhr beginnt der Tatort?

ZDF (www.zdf.de):

c Um wie viel Uhr kommt normalerweise das „heute journal"?

d Und welches Genre ist das „heute journal"?

2 Find the odd one out and cross it off the list.

a Krimi, ~~Fernsehen~~, Thriller, Komödie, Drama

b abspülen, aufräumen, kehren, aufstehen, arbeiten

c Orange, Apfel, Pfirsich, Banane, Gurke

d Stuhl, Schrank, Tisch, Zimmer, Regal

e Salat, Saft, Nudeln, Reis, Suppe

f Rad fahren, Tennis spielen, Müll mitnehmen, Judo machen, schwimmen

3 What's the German word?

a *der Rotwein*
the red wine

b
the television

c
left (over)

d
white

e
the comedy

f
to drink

g
Just a moment!

h
fantastic

i
to eat

j
pink

Modal verbs in the present and past tense

In the tables below are the five most important modal verbs in the present and past tense.

Be careful with the negation:

Du musst nicht …
means
*You needn't …/
you don't have to …*

Du darfst nicht …
means
You mustn't …

müssen *must, to have to*

**Ich musste
auf die Toilette
gehen.**
*I had to go
to the toilet.*

PRESENT TENSE	PAST TENSE (PRÄTERITUM)
ich muss	ich musste
du musst	du musstest
er/sie/es muss	er/sie/es musste
wir müssen	wir mussten
ihr müsst	ihr musstet
sie müssen	sie mussten
Sie müssen	Sie mussten

dürfen *may, might, to be allowed to*

PRESENT TENSE	PAST TENSE (PRÄTERITUM)
ich darf	ich durfte
du darfst	du durftest
er/sie/es darf	er/sie/es durfte
wir dürfen	wir durften
ihr dürft	ihr durftet
sie dürfen	sie durften
Sie dürfen	Sie durften

**Er durfte sich ein
Törtchen aussuchen.**
*He was allowed to chose
one of the cakes.*

sollen *shall, are to, to be supposed to*

Er sollte schlafen.
He was supposed to sleep.

PRESENT TENSE	PAST TENSE (PRÄTERITUM)
ich soll	ich sollte
du sollst	du solltest
er/sie/es soll	er/sie/es sollte
wir sollen	wir sollten
ihr sollt	ihr solltet
sie sollen	sie sollten
Sie sollen	Sie sollten

wollen *want*

PRESENT TENSE	PAST TENSE (PRÄTERITUM)
ich will	ich wollte
du willst	du wolltest
er/sie/es will	er/sie/es wollte
wir wollen	wir wollten
ihr wollt	ihr wolltet
sie wollen	sie wollten
Sie wollen	Sie wollten

Er wollte schlafen.
He wanted to sleep.

können *can, to be able to*

Er konnte ihr helfen.
He was able to help her.

PRESENT TENSE	PAST TENSE (PRÄTERITUM)
ich kann	ich konnte
du kannst	du konntest
er/sie/es kann	er/sie/es konnte
wir können	wir konnten
ihr könnt	ihr konntet
sie können	sie konnten
Sie können	Sie konnten

4

Put the mixed up sentences in the right order.

a Yoko | nicht | fernsehen | oft | durfte | .

Yoko durfte nicht oft fernsehen.

b Actionfilme | die | wollten | Kinder | am | liebsten | sehen | .

....

....

c ich | gehen | früh | Bett | ins | sollte | .

....

d Jens | Zähne | oft | musste | die | putzen | .

....

....

e abspülen | Sie | manchmal | Kind | als | mussten | ?

....

....

f Abend | ihr | aufräumen | gestern | noch | konntet | ?

....

....

5

Thomas tells his son about the time when he was a child. Fill in the gaps with the verbs given in brackets in the past tense *(Präteritum)*.

Wir (a) *durften* (dürfen) damals* nicht oft fernsehen.
Wir (b) .... (können) nur Schwarz-Weiß-Filme
sehen, keine Farbfilme. Unser Fernseher (c) ....
(sein) auch nicht sehr groß. Wir Kinder (d) ....
(wollen) Actionfilme, Thriller oder Krimis sehen, aber wir
(e) .... (dürfen) nur Sport- oder Quizsendungen
sehen. Wir (f) .... (müssen) auch Nachrichten
sehen und Zeitungen lesen. Das (g) .... (wollen)
ich nicht, Nachrichten (h) .... (sein) für mich
nicht interessant. Nur am Wochenende (i) ....
(dürfen) ich zusammen mit meinen Eltern einen Film
sehen. Das (j) .... (sein) toll!

* damals – *then, in those days*

6

Match the opposites.

1 schwarz	**a** geschlossen
2 lecker	**b** groß
3 sauber	**c** schlecht
4 offen	**d** schwer
5 klein	**e** weiß
6 jung	**f** dreckig
7 einfach	**g** alt

7

Match the pronoun to the correct form of the modal verb. Some are used more than once.

musstest

konnten

konnte

solltet

wollte

wollten

sollten

durfte

musste

ich ....

du ....

er/sie/es ....

wir ....

ihr ....

sie (pl) ....

Sie ....

8

Turn the sentences into the *Präteritum*.

a Iwona will nicht an der Straße joggen.

Iwona wollte nicht an der Straße joggen.

b Ich soll etwas im Internet suchen.

c Wir haben viel Freizeit.

d Ihr könnt alles auf dem Markt kaufen.

e Du musst den Müll wegbringen.

f Das Museum ist interessant.

9 ◉ 097

Listen to the dialogue on the CD and answer the questions.

a Wer will ins Kino?
☐ Martina   ☐ Jens

b Was ist „Insomnia"?
☐ Thriller   ☐ Komödie

c Wo kommt „Insomnia"?
☐ Fernsehen ☐ Kino

d Kommt eine Komödie im Fernsehen?
☐ Ja ☐ Nein

e Wer sucht den Film „Rush Hour 3" aus?
☐ Martina   ☐ Jens

f Wie findet Jens „Rush Hour 3"?
☐ Gut   ☐ Schlecht

10 ◉ 098

Listen to the questions on the CD and reply after the beep with one of the answers from the speech bubbels. Afterwards you'll hear the right answer.

Um 19 Uhr.

Heute spielt er in Hamburg.

Heute Abend gibt es einen Action-film.

Nein, ich will lieber lesen.

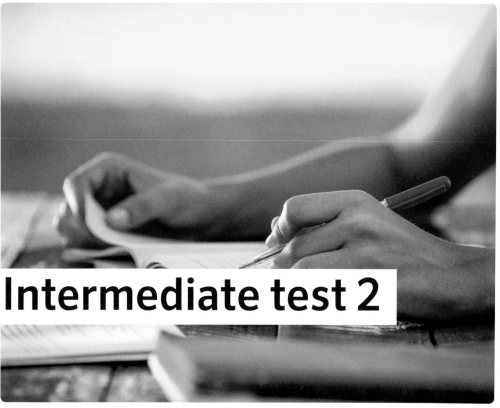

Intermediate test 2

1

Fill in the gaps with the verbs from the first sentences. Decide whether you need the present or past tense.

a Gestern wollte ich schwimmen. Heute .... ich klettern.

b Pierre ist Student. Jens und Martina .... Studenten.

c Pierre, Iwona und Martina haben Geschwister. Jens .... keine Geschwister.

d Wir müssen jetzt einkaufen. Gestern .... wir aufräumen.

e Du hattest gestern keine Lust! Und heute .... du auch keine Lust?!

f Gestern durftest du nicht fernsehen. Aber heute .... du.

○ **out of 6 points**

2

Fill in the gaps with the words from the box.

nach Hause | Tschüs | möchten | Kartoffeln | Ermäßigung | ihnen | Glas | lecker | einem | muss | Spaziergang | kauft | Apfelschorle | interessanter | Wurst | aufräumen

Iwona und Pierre sind in (a) .... Restaurant. Der Kellner gibt (b) .... die Speisekarten. Später kommt er und fragt: „Was (c) .... Sie bestellen?" Iwona bestellt ein Schnitzel mit Pommes frites und eine (d) .... Pierre möchte den Fisch mit Gemüse und (e) .... Zu trinken bestellt er ein (f) ....

Wasser. Das Essen ist sehr (g) .... Nach dem Essen machen die beiden einen (h) .... in der Stadt. Sie gehen in eine Ausstellung. Iwona (i) .... die Eintrittskarten. Es gibt keine (j) .... für Studenten, und die Ausstellung ist nicht interessant! Das Museum gestern war (k) .... Pierre braucht jetzt noch Lebensmittel, und Iwona (l) .... auch etwas einkaufen. Sie gehen in einen Supermarkt. Pierre kauft Milchprodukte und (m) .... , Iwona kauft Getränke. „Was machst du jetzt, Pierre?", fragt Iwona. Pierre sagt: „Ich gehe (n) .... Ich muss noch (o) ...." „O. K., (p) ....!", sagt Iwona. Iwona geht noch nicht nach Hause. Sie trifft sich noch mit Kollegen.

out of 16 points

3

Complete the answers using a personal pronoun in the correct form.

a Gibt Claudia ihrem Vater ein Stück Kuchen? – Ja, sie gibt .... ein Stück Kuchen.

b Leiht Iwona ein Fahrrad aus? – Ja, sie leiht .... am Wochenende aus.

c Wie geht es deiner Mutter? – Es geht .... gut!

d Besucht dich dein Onkel? Nein, ... besucht mich nicht.

e Wohin stellt Jens den Stuhl? – Er stellt .... an den Tisch.

out of 5 points

4

Look at the picture and fill in the gaps using prepositions and articles.

a Der Tisch steht

.... dem

Sessel und .... Sofa.

b Das Sofa steht rechts

.... dem Tisch.

c Das Bild* hängt

.... Sofa an der Wand**.

d Der Teppich liegt

.... Sessel.

e Die Pflanze steht

.... Tisch.

* das Bild – *the picture*
** die Wand – *the wall*

out of 5 points

5

◉ 099

Listen to the CD and complete the sentences with the information you hear.

a Klaus ist

....

b Sie waren zusammen

....

c Klaus' Eltern wohnen

....

d Klaus wohnt

....

e Martina und Klaus gehen

....

f Aber lieber machen sie

....

g Klaus spielt

....

h Am Abend

....

und ....

out of 8 points

6

Connect the English phrases with their German translations. One has no translation – add it please.

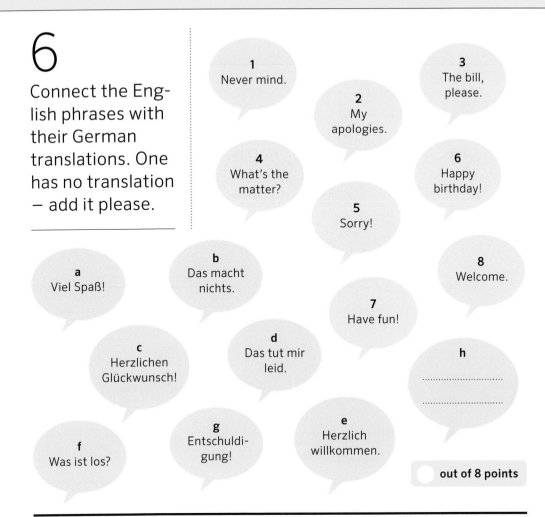

1 Never mind.

2 My apologies.

3 The bill, please.

4 What's the matter?

5 Sorry!

6 Happy birthday!

7 Have fun!

8 Welcome.

a Viel Spaß!

b Das macht nichts.

c Herzlichen Glückwunsch!

d Das tut mir leid.

e Herzlich willkommen.

f Was ist los?

g Entschuldigung!

h ....
....

out of 8 points

You achieved

O

out of 48 points.

SCORE and ASSESSMENT

44–48
★★★★
Sehr gut!
Very good!
Keep it up!

35–43
★★★ **Gut!**
Good! You're on the right track.

25–34
★★ **In Ordnung.**
OK. You've already accomplished a lot. Repeat the exercises which you found difficult. Then full marks should be possible!

Less than 25
★ **Das können Sie noch besser.**
You can do better. Review the lessons where you had difficulties. Don't just correct your exercises but try to understand why the solution is correct.

12

PLAN
A JOURNEY

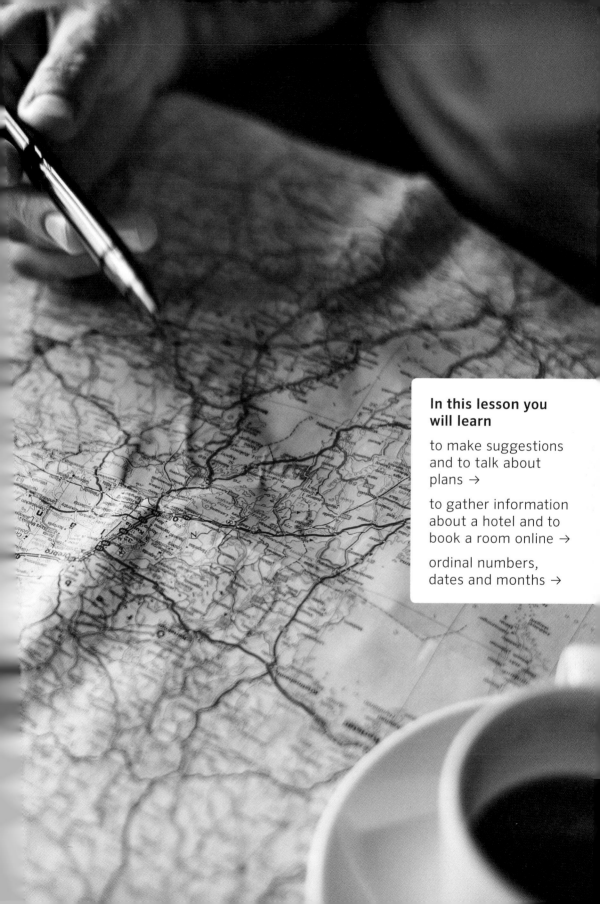

In this lesson you will learn

to make suggestions and to talk about plans →

to gather information about a hotel and to book a room online →

ordinal numbers, dates and months →

Dialogue vocabulary

◉ 100

der **Plan,** Pläne
the plan

der **Feiertag,** -e
the bank holiday

lang
long

wegfahren *irr sep*
to go away (for a trip)

nach
to, towards

der **Dom,** -e
the cathedral

Was hältst du davon?
What do you think?

die **Idee,** -n
the idea

ansehen *irr sep*
to watch, to view, to see

Ich wollte immer mal nach Köln.
I've always wanted to go to Cologne.

halten von *irr*
to think about

besser
better

Was meinst du dazu?
What do you think about it?

Wohin wollen wir fahren?

◉ 101

Iwona und Pierre machen Pläne für ein freies Wochenende.

IWONA: Pierre, der 3. Oktober ist ein Feiertag in Deutschland und wir haben ein langes Wochenende. Wollen wir wegfahren?

PIERRE: Gern! Ich wollte immer mal nach Köln. Wir können dort zum Beispiel den Dom besichtigen oder in ein Museum gehen ... Was hältst du davon?

Tut mir leid, Pierre, aber ich war schon in Köln. Ich habe eine bessere Idee: Wir fahren nach München und gehen auf das Oktoberfest. Was meinst du dazu?

Ja, die Idee ist toll! München wollte ich mir auch ansehen.

— Pierre will am 3. Oktober in Berlin sein.
☐ richtig ☐ falsch
— Iwona war schon in Köln.
☐ richtig ☐ falsch

⊚ 103

 IWONA: Am besten fahren wir am 2. Oktober am Nachmittag, denn dann haben wir fast drei ganze Tage Zeit für München.

 PIERRE: Gut. Wo wollen wir übernachten? In einer Jugendherberge?

 Eine Jugendherberge ist billiger, aber nicht sehr komfortabel. Wir suchen erst im Internet nach einem günstigen Hotel. Wie findest du den Vorschlag?

 Der Vorschlag gefällt mir. Das machen wir so. Im Notfall können wir immer noch in der Jugendherberge übernachten ... Also, dann sind wir vom 2. bis 5. Oktober in München, ja?

 Genau.

 Gut. Ich suche mal ein paar Angebote, und wir können uns dann für ein Hotel entscheiden.

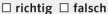

— Iwona will in einer Jugendherberge übernachten.
☐ richtig ☐ falsch
— Pierre will Angebote im Internet suchen.
☐ richtig ☐ falsch

Dialogue vocabulary

◉ 102

am Nachmittag
in the afternoon

übernachten
to stay/spend the night

die **Jugend-herberge,** -n
the youth hostel

günstig
low priced

das **Hotel,** -s
the hotel

gefallen *irr*
to appeal, to please

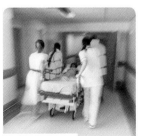

der **Notfall**
the emergency

entscheiden *irr*
to decide

denn
for, because

ganz
whole, complete

billig
cheap, inexpensive

komfortabel
comfortable

der **Vorschlag,**
Vorschläge
the proposition,
the suggestion

im Notfall
if need be

immer noch
still, always

von ... bis
from ... to

das **Angebot,** -e
the offer

Seasons and months

◎ 104

As in English the ordinal number is always used for dates:

der erste März — the first of March
am 30. Oktober — on the 30th October

der Frühling
the spring

der **März**
March

der **April**
April

der **Mai**
May

der Sommer
the summer

der **Juni**
June

der **Juli**
July

der **August**
August

der Herbst
the autumn

der **September**
September

der **Oktober**
October

der **November**
November

der Winter
the winter

der **Dezember**
December

der **Januar**
January

der **Februar**
February

1 Choose the correct season and fill in the gaps.

a Im _Sommer_ kann Iwona im Wannsee* schwimmen.

b Im .... ist in München das Oktoberfest.

a Im .... gehen Jens und Martina gerne im Tiergarten spazieren.

a Im .... ist es kalt**, und Pierre geht lieber ins Museum.

* der Wannsee – *popular bathing lake to the south-west of Berlin*

** kalt – *cold*

2 Find the 11 months hidden in the puzzle. Which one is missing?

W	S	A	P	R	I	L	S	E	Q
O	R	U	T	F	J	U	L	I	H
K	A	G	F	U	A	E	S	A	M
T	D	U	E	R	N	S	E	C	I
O	K	S	B	S	U	T	P	M	J
B	E	T	R	C	A	I	T	R	U
E	A	N	U	G	R	S	E	K	N
R	U	M	A	M	O	S	M	A	I
T	U	Ä	R	B	U	R	B	A	R
D	C	R	T	N	Ö	Z	E	Ü	D
D	E	Z	E	M	B	E	R	K	V

Missing: ....

3 What's the German word?

a *die Idee*
the idea

b
the bank holiday

c
to decide

d
the emergency

e
low priced

f
long

g
to, towards

h
to watch

i
to spend the night

j
the cathedral

Coordinating conjunctions

With the conjunctions und (*and*), oder (*or*), aber (*but*), denn (*for/ because*) you can connect two or more main clauses.

The word order in both connected sentences stays the same with the verb in the second position (the conjunction does not count!).

**Martin fliegt nach Hawaii,
oder er bleibt zu Hause.**
*Martin flies to Hawaii
or he stays at home.*

**Martin fliegt nach Hawaii,
aber Karen bleibt zu Hause.**
*Martin flies to Hawaii
but Karen stays at home.*

**Martin fliegt alleine nach Hawaii,
denn Karen ist krank.**
*Martin flies to Hawaii alone
because Karen is ill.*

*Martin goes on holiday
and Karen goes with him.*

If the subject and/or verb are the same in both sentences you can omit them (not possible with **denn**!).

**Martin fährt in den
Urlaub und Karen (fährt)
zur Arbeit.**
*Martin goes on holiday
and Karen goes to work.*

**Martin fliegt nach
Hawaii oder (er fliegt)
nach Nowosibirsk.**
*Martin flies to Hawaii
or to Novosibirsk.*

*Martin goes on holiday
and flies to Hawaii.*

Ordinal numbers

Ordinal numbers are formed in the following way in German:

When written as a number, they always have a full stop.

Up to **19.** you add the ending **-te** (the exceptions are underlined below):

1. – <u>erste</u>	6. – sechste
2. – zweite	7. – <u>siebte</u>
3. – <u>dritte</u>	8. – <u>achte</u>
4. – vierte	9. – neunte
5. – fünfte	10. – zehnte

der Erste
the first

der Zweite
the second

der Dritte
the third

All numbers above 19 (when the cardinal number ends with **-zig**) take the ending **-ste**.

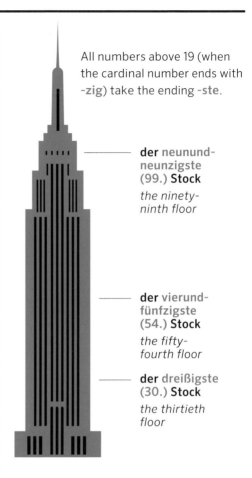

der neunundneunzigste **(99.) Stock**
the ninety-ninth floor

der vierundfünfzigste **(54.) Stock**
the fifty-fourth floor

der dreißigste **(30.) Stock**
the thirtieth floor

Sophie feiert ihren einundvierzigsten (41.) Geburtstag.

Sophie's celebrates her forty-first birthday.

NB: The declination of the ordinal numbers follows the rules for adjectives. Please see chapters 16 and 18.

Prepositions of time

Here are the most common prepositions of time and when you need them.

SEASONS:

im

Im Winter gehe ich Ski fahren.
In winter I'll go skiing.

MONTHS:

im

Wir fahren im Juni nach Berlin.
We'll go to Berlin in June.

JANUAR						
Mo	Di	Mi	Do	Fr	Sa	So
1	2	3	4	5	6	
8	9	10	11	12	13	
15	16	17	18	19	20	
22	23	24	25	26	27	
29	30	31				

...AR						
M...				Fr	Sa	So
			1	2	3	4
5		8	9	10	11	
12	...3	15	16	17	18	
19	...	22	23	24	25	
26	...7					

MÄRZ						
Mo	Di	Mi	Do	Fr	Sa	So
			1	2		4
5	6	7	8	9		
12	13	14	15	16		
19	20	21	22	23	24	25
26	27	28	29	30	31	

APRIL						
Mo	Di	Mi	Do	Fr	Sa	So
						1
2	3	4	5	6	7	8
9	10	11	12	13	14	15
16	17	18	19	20	21	22
23	24	25	26	27	28	29
30						

MAI						
Mo	Di	Mi	Do	Fr	Sa	So
1	2	3	4	5	6	
7	8	9	10	11	12	13
14	15	16	17	18	19	20
21	22	23	24	25	26	27
28	29	30	31			

JUNI						
Mo	Di	Mi	Do	Fr	Sa	So
			1	2	3	
4	5	6	7	8	9	10
11	12	13	14	15	16	17
18	19	20	21	22	23	24
25	26	27	28	29	30	

TIME:

um

Um 14 Uhr ist sie vom Einkaufen zurück.
At 2 o'clock she'll be back from shopping.

JULI						
Mo	Di	Mi	Do	Fr	Sa	So
						1
2	3	4	5	6	7	8
9	10	11	12	13	14	15
16	17	18	19	20	21	22
23	24	25	26	27	28	29
30	31					

AUGUST						
Mo	Di	Mi	Do	Fr	Sa	So
	1	2	3	4	5	
6	7	8	9	10	11	12
13	14	15	16	17	18	19
20	21	22	23	24	25	26
27	28	29	30	31		

SEPTEMBER						
Mo	Di	Mi	Do	Fr	Sa	So
				1	2	
3	4	5	6	7	8	9
10	11	12	13	14	15	16
17	18	19	20	21	22	23
24	25	26	27	28	29	30

OKTOBER						
Mo	Di	Mi	Do	Fr	Sa	So
1	2	3	4	5	6	7
8	9	10	11	12	13	14
15	16	17	18	19	20	21
22	23	24	25	26	27	28
29	30	31				

NOVEMBER						
Mo	Di	Mi	Do	Fr	Sa	So
			1	2	3	4
5	6	7	8	9	10	11
12	13	14	15	16	17	18
19	20	21	22	23	24	25
26	27	28	29	30		

DEZEMBER						
Mo	Di	Mi	Do	Fr	Sa	So
					1	2
3	4	5	6	7	8	9
10	11	12	13	14	15	16
17	18	19	20	21	22	23
24	25	26	27	28	29	30
31						

DATES:

am

Er hat am 16. Oktober Geburtstag.
His birthday is on October 16th.

WEEKDAYS:

am

Am Montag gehe ich laufen.
On Monday I'll go jogging.

TIME OF THE DAY:

am

Er braucht seinen Kaffee am Morgen.
He needs his coffee in the morning.

4

Connect the questions with the correct answers. Read both of them aloud.

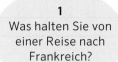

1 Was halten Sie von einer Reise nach Frankreich?

a Nein, ich muss an dem Tag arbeiten.

3 Können wir am 6. Oktober fahren?

c Ich finde Ihre Idee gut.

2 Wohin fahren wir? Mein Vorschlag ist Hamburg.

b Mir gefällt dein Vorschlag.

5

◎ 105

Listen to the dates on the CD. The months are written below but the day is missing. Write the ordinal numbers in the gaps.

1 *1.* Januar   2 .... Februar

3 .... März   4 .... April

5 .... Mai   6 .... Juni

7 .... Juli   8 .... August

9 .... September   10 .... Oktober

11 .... November   12 .... Dezember

6

Fill in the gaps with the correct prepositions.

a *Im* Sommer ist es oft sehr heiß.

b Wir treffen uns .... 14 Uhr im Café am Marktplatz.

c .... 4. Mai habe ich Geburtstag.

d Ich habe .... Mai Geburtstag.

e Wann treffen wir uns? – .... Donnerstag, ... 17 Uhr.

f .... Vormittag arbeite ich und .... Nachmittag lerne ich Deutsch.

September		Oktober				
29 Mo	30 Di	1 Mi	2 Do	3 Fr	4 Sa	5 So
8 Uhr arbeiten	7 Uhr Meeting Dr. Meier	8 Uhr arbeiten	8 Uhr arbeiten			
				München Oktoberfest	München Oktoberfest	München
			14 Uhr nach München			
	16 Uhr Freizeit	16.30 Freizeit				
17 Uhr Freizeit						
						18 Uhr zurück nach Berlin
19 Uhr Volleyball						

7

Look at Iwona's diary, read the dialogue and fill in the missing prepositions.

PIERRE: Hallo Iwona, ich möchte heute Abend ins Kino gehen. Hast du auch Lust?

IWONA: Ja, aber ich habe (a) .... 19 Uhr Sport.

PIERRE: Und morgen, also (b) _um_ ...... Dienstag? Ich möchte gern „Action Hero" ansehen. Der Film beginnt (c) .... 20 Uhr im „Apollo" oder (d) .... 19.30 Uhr (e) .... „Metropol".

IWONA: Das „Apollo"-Kino ist besser. Ich habe (f) .... 16 Uhr Freizeit, und wir können noch zum Essen gehen.

PIERRE: Essen gehen kann ich morgen leider nicht.

Ich bin (g) .... 18 Uhr noch in der Uni. (h) .... Mittwoch ist es besser.

IWONA: (i) .... 1. Oktober muss ich bis* 16.30 Uhr arbeiten. Sollen wir uns dann (j) .... 18 Uhr (k) .... Pizzeria Mario treffen?

PIERRE: Die Idee ist gut. Also (l) .... Mittwoch (m) .... 18 Uhr bei Mario!

* bis – *until, to*

8

Complete the sentences
with *und, oder, aber* or *denn*.

a Ich gehe gern ins Kino, *denn* ich mag
Filme.

b Pierre hat zwei Schwestern, ...
keinen Bruder.

c Iwonas Eltern haben eine Tochter ....
einen Sohn.

d Fahren Iwona und Pierre nach München
.... nach Köln?

e Martina ist Deutschlehrerin ....
Jens Informatiker.

f Ich bin krank, ... ich gehe nicht
zum Arzt!

g Martina geht zum Arzt, ... sie
ist krank.

Nicht direkt.
Wir müssen
noch 5 Minuten
laufen.

Um
19.30 Uhr.

Nein, am
Samstag wollen
wir eine Radtour
machen.

Im Sommer
fahren wir
Fahrrad.

Am
Mittwoch,
den 3. Juli.

Am besten
nehmen wir
den Bus.

9

⊚ 106

Read the phrases in the
boxes and then listen to
the CD. You will hear some
questions. Choose the
correct answer from the
boxes (one is not used)
and say it out loud after the
beep. You can hear the
correct answer after the
next beep.

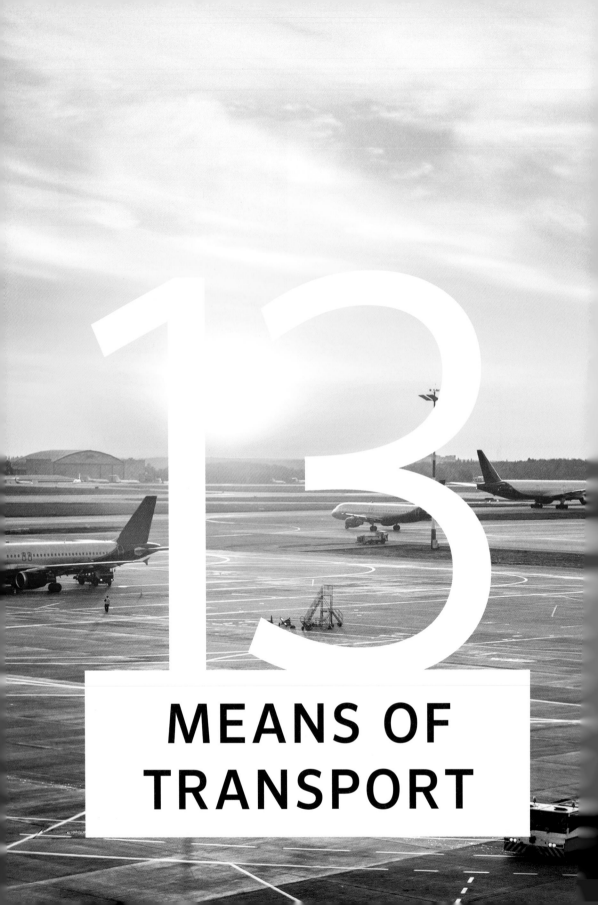

13

MEANS OF TRANSPORT

In this lesson you will learn

to read a timetable →

to look for a train connection on the internet →

to talk about means of transport, especially trains →

Dialogue vocabulary

◎ 107

finden *irr*
to find

der **Flug,** Flüge
the flight

prüfen
to check

das **Auto,** -s
the car

der **Zug,** Züge
the train

der **Parkplatz,**
-plätze
the parking space

passen
to fit, to suit

kommen *irr*
here: to get to

geeignet
suitable

das **Verkehrsmittel,** -
the means of transport

Die Zimmer sind gebucht.
The rooms are booked.

---

das **Flugzeug,** -e
the plane

glauben
to believe, to think

dass
that

denken *irr*
to think

für (etw.) sein *irr*
to favour, to prefer (sth.)

weil
because

im Stau stehen
to get caught up in
a traffic jam

recht haben *irr*
to be right

lass uns …
let's …

zu teuer
too expensive

Die Zeit passt nicht.
The time is inconvenient.

fliegen *irr*
to fly

Wie kommen wir nach München?

⊚ 108

Jetzt müssen die beiden nur noch das geeignete Verkehrsmittel finden.

 PIERRE: Gut. Die Zimmer sind gebucht. Aber wie kommen wir nach München? Mit dem Flugzeug?

 IWONA: Ich glaube nicht, dass wir einen guten Flug bekommen, aber wir prüfen das im Internet. Ich denke, dass wir am besten mit dem Auto oder dem Zug fahren.

 Dann bin ich für den Zug! Das ist besser, weil wir dann nicht im Stau stehen und auch keine Parkplätze suchen müssen.

 Ja, du hast recht. Aber lass uns erst noch nach einem Flug suchen.

 O. K. Hmm … Nein, die Flüge sind zu teuer und die Zeit passt nicht. Wir fahren also mit dem Zug!

— Pierre und Iwona
  ☐ fahren ☐ fliegen
  nach München.
— Pierre möchte mit dem Auto
  fahren.
  ☐ richtig ☐ falsch

◉ 110

IWONA: Ja, dann geh auf die Webseite der Bahn und such uns eine Verbindung nach München!

PIERRE: In Ordnung. Also: Von Berlin ... nach München. Hinfahrt ... am 2.10. und Rückfahrt ... am 5.10. Zweite Klasse ... zwei Erwachsene. Um wie viel Uhr wollen wir am Donnerstag hier abfahren?

Vielleicht starten wir so, dass wir um 20 Uhr in München ankommen. Wie lange dauert die Fahrt?

Moment ... die Fahrt dauert ungefähr 6 Stunden. Dann müssen wir um 14 Uhr hier abfahren.

Das ist O. K.

Gut, das passt mir auch. Oh, sieh mal: Wir können die Fahrkarten gleich online buchen und auch noch ausdrucken. Soll ich uns Sitzplätze reservieren? Das kostet zwei Euro mehr ... Hast du eine Kreditkarte?

— Iwona und Pierre reisen in der
  ☐ ersten Klasse.
  ☐ zweiten Klasse.
— Sie wollen um 20 Uhr
  ☐ in Berlin starten.
  ☐ in München ankommen.
— Pierre kauft die Fahrkarten
  ☐ am Schalter.
  ☐ online.

Dialogue vocabulary

◉ 109

die **Bahn,** -en
the train, the railway;
here: the railway
company

die **zweite Klasse**
the second class

abfahren *irr sep*
to depart

starten
to start, to set off

dauern
to last, to take

die **Fahrkarte,** -n
the ticket

die **Kreditkarte,** -n
the credit card

die **Webseite,** -n
the web page, the
website

die **Verbindung,** -en
the connection

die **Hinfahrt,** -en
the outward journey

die **Rückfahrt,** -en
the return journey

der **Erwachsene,** -n
the adult, the grown-up

um wie viel Uhr
(at) what time?

ankommen *irr sep*
to arrive

die **Fahrt,** -en
the journey, the trip

ungefähr
about, around

das passt mir
that's fine by me

Sieh mal!
Look!

buchen
to book

ausdrucken *sep*
to print

der **Sitzplatz,**
-plätze
the seat

reservieren
to book, to reserve

Around the station

◎ 111

der **Bahnhof,** -höfe
the station

das **Gleis,** -e
the rails

pünktlich
punctual

die **Verspätung,** -en
the delay

der **Regional-zug,** -züge
the regional train

der **Bahnsteig,** -e
the platform

einsteigen *irr sep*
to board

die **Abfahrt**
(mostly sg)
the departure

die **Ankunft**
(mostly sg)
the arrival

umsteigen *irr sep*
to change trains

der **Fahrplan,** -pläne
the timetable

der (**Fahrkarten-**) **Schalter,** -
the ticket office

aussteigen *irr sep*
to get off

1 Find the odd one out and cross it off the list.

a Eintritts- | ~~Regional~~ | Kredit- | Fahr-

karte

b Hin- | Rück- | Um- | Ab-

fahrt

c Bahn

-fahrt | -gleis | -mittel | -hof

d Sitz- | Flug- | Kaffee- | Park-

platz

2 Pierre wants to look up the train connection on the internet. Help him fill in the form. Find the information needed in this lesson's dialogue.

☐ Einfache Fahrt   ☐ Hin- und Rückfahrt

Von: ....

Nach: ....

Hinfahrt am: ....

Uhrzeit: ....

☐ Abfahrt   ☐ Ankunft

Rückfahrt am: ....

Uhrzeit: *15.30*

☒ Abfahrt   ☐ Ankunft

3 What's the German word?

a *starten*
to start, to set off

b
the car

c
the train

d
to last, to take

e
to depart

f
the parking space

g
to check

h
to find

i
to fit, to suit

j
the second class

Subordinate clauses with *dass* and *weil*

The subordinating conjunctions dass (*that*) and weil (*because*) connect a main clause with a subordinate clause.

In subordinate clauses there is a set word order as follows: The conjunction comes first and the (conjugated) verb comes at the very end of the sentence.

Dass (*that*) comes after certain verbs such as
glauben *to believe,* **denken** *to think,* **meinen** *to mean,* **sagen** *to say* or **wissen** *to know.*

Karl knows that his wife wants to go to Paris.

Reasons or causes are expressed using **weil** (*because*).

Karl jumps for joy because his wife is going to Paris.

Denn can also be used instead of **weil** as both mean "*because*".

Karl jubelt, denn seine Frau fährt nach Paris.

But be careful: **denn** may only be used to connect two main clauses (see p. 182). So the word order differs when using **denn** instead of **weil**!

4

Put the sentences in the correct order. Be careful with the subordinate clauses.

a lieber | weil | Ich | schneller | fahre | er | mit dem ICE | ist | .

Ich fahre lieber mit dem ICE, weil er schneller ist.

b die Regionalbahn | Ich | dass | zu langsam | denke | ist | .

....

....

c fahren | Iwona | wollen | Pierre | nach München | und | .

....

....

d ist | Pierre | ein Flug | dass | zu teuer | sagt | .

....

....

5

Complete the sentences, making use of the hints in brackets. Remember the different sentence structure after *denn* and *weil*.

a Iwona lernt Deutsch, weil *sie in Deutschland arbeitet* . (in Deutschland arbeiten)

b Pierre lernt Deutsch, weil .... (in Berlin studieren)

c Jens macht eine Party, denn .... (Geburtstag haben)

d Iwona leiht ein Rad aus, weil .... (Radtour machen wollen)

e Iwona und Pierre fahren nach München, weil .... (Oktoberfest gehen wollen)

f Iwona will nicht nach Köln, denn .... (war schon da)

g Iwona und Pierre fahren mit dem Zug, weil .... (Flüge zu teuer)

6

◎ 112

Read the questions below. Then listen to the announcements at the station and answer the questions.

a Wie viel Verspätung hat der Zug nach München?
15 Minuten.

b Woher kommt der Zug an Gleis 3?

....

....

c Wohin fährt der Regionalexpress?

....

....

d Welcher Zug fährt nach Hamburg?

....

....

e Auf welchem Gleis fährt der Zug nach Potsdam ab?

....

f Wohin fährt der ICE?

....

....

7

Match the verbs with their corresponding nouns.

1 abfahren	a die Reservierung
2 buchen	b die Fahrt
3 einsteigen	c die Ankunft
4 reisen	d die Reise
5 dauern	e der Sitzplatz
6 aussteigen	f der Flug
7 fliegen	g die Prüfung
8 sitzen	h die Abfahrt
9 fahren	i der Ausstieg
10 reservieren	j die Buchung
11 ankommen	k der Parkplatz
12 parken	l die Dauer
13 prüfen	m der Einstieg

1 abfahren → h die Abfahrt

Abfahrt *Departure / Départ*

Zeit *Time/Temps*		Über *Via*	Ziel *Destination*	Gleis *Platform/Voie*	
11:39	ICE 38	Hamburg Hbf	Berlin-Spandau	9	Minuten später +++ etw
12:02	RE 5361	Bad Kleinen - Bützow - Güstrow	Szczecin Glowny	1	
12:03	RB 21514	L.-Kücknitz - L.-Travem.Skan	L.-Travem. Strand	5	
12:06	RE 21614	Bad Schwartau - Eutin - Raisdorf	Kiel Hbf	4	class
12:08	RE 21417	Reinfeld - Bad Oldesloe	Hamburg Hbf	7	
12:09	RB 21817	Lübeck↟ - Ratzeburg - Büchen	Lüneburg	6	h Lüneburg +++ vorder
12:12	RB 21714	Timmendorferstrand - Scharbeutz	Neustadt(H)	2	
12:28	RB 21664	Pönitz(Holst) - Eutin - Ascheberg(Holst)	Kiel Hbf	6	
12:43	RE 21469	Reinfeld - Bad Oldesloe - Ahrensb.	Hamburg Hbf	7	
13:03	RB 21516	L.-Kücknitz - L.-Travem.Skan	L.-Travem. Strand	5	
13:04	RE 13089	Schönberg(Meckl) - Grevesmühlen	Bad Kleinen	1	
13:06	RE 21616	Bad Schwartau - Eutin - Raisdorf	Kiel Hbf	4	

8

Look at the time-table and answer the questions.

a Auf welchem Gleis fährt der Zug nach Neustadt(H) ab?

Auf *Gleis 2* ....

b Wann fährt der ICE 38 ab? Um ....

c Wohin fährt der RE 13089? Nach ....

d Wann fahren Züge nach Kiel Hbf?

Um .... , ...

und ....

9

Dass, weil or *denn* – which one is correct?

a Iwona glaubt nicht, *dass* ..... sie einen

Flug bekommt.

b Sie will mit dem Zug fahren, ...

das am besten ist.

c Pierre will nicht mit dem Auto fahren,

.... er will nicht im Stau stehen.

d Er fährt lieber Zug, ... er dann

keinen Parkplatz suchen muss.

e Er denkt, ... sie um 14 Uhr in

Berlin abfahren müssen.

f Er reserviert Sitzplätze, ... das ist

nicht viel teurer.

14

WHERE IS ...?
ASK THE WAY

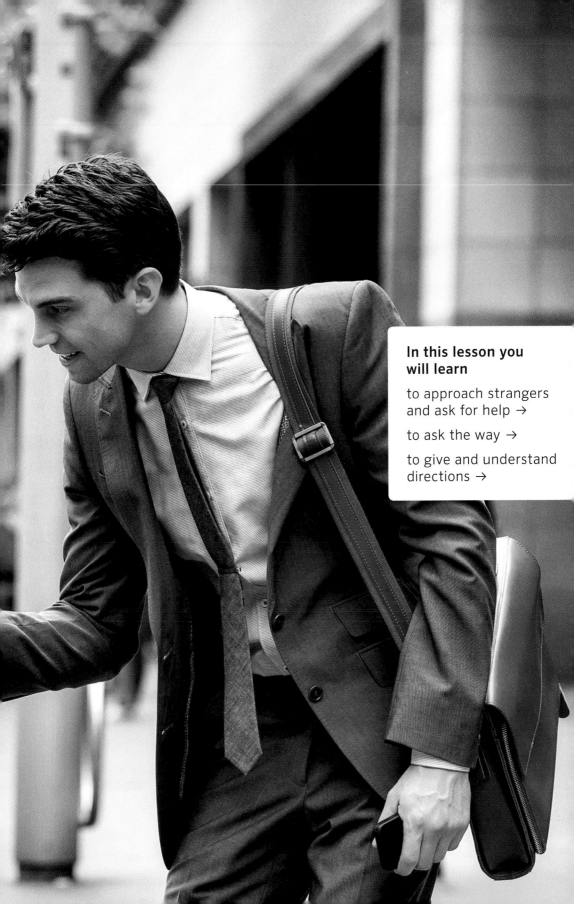

In this lesson you will learn

to approach strangers and ask for help →

to ask the way →

to give and understand directions →

Dialogue vocabulary

◎ 113

sie **sind**
angekommen *irr sep*
they have arrived

Hurra!
Hooray!

endlich
finally

der **Weg,** -e
the way

stehen *irr*
here: to be written,
to say

jemand
someone, somebody

Entschuldigen Sie.
Excuse me.

entschuldigen
to excuse s.o./sth.,
to apologise

der **Passant,** -en/
die **Passantin,** -nen
the passerby

zum (**zu** + **dem**)
to, towards (the)

die **Minute,** -n
the minute

Zum Hotel

⊚ 114

Iwona und Pierre sind am Bahnhof in München angekommen.

 PIERRE: Hurra! Endlich in München. Jetzt müssen wir nur noch den Weg zum Hotel finden.

 IWONA: Auf der Webseite steht ja „nur 10 Minuten vom Bahnhof". Wir fragen einfach jemanden. Entschuldigen Sie bitte.

 PASSANTIN: Ja?

 Können Sie uns vielleicht sagen, wo wir das Hotel „München" finden?

 In welcher Straße ist das denn?

 In der Schillerstraße.

— **Wen fragt Iwona?**
  ☐ einen Mann ☐ eine Frau
— **Wie heißt das Hotel?**
  ☐ „München" ☐ „Schiller"
— **Wo ist das Hotel?**
  ☐ direkt am Bahnhof
  ☐ 10 Minuten vom Bahnhof

◉ 116

PASSANTIN: Ah ja, das ist ganz einfach. Gehen Sie dort vorne rechts, am Bahnhof vorbei bis zu der Kreuzung und geradeaus über die Kreuzung. Dann sind Sie schon in der Schillerstraße. Am Ende der Straße ist das Hotel.

IWONA: Also hier rechts und dann immer geradeaus?

Ja, genau!

PIERRE: Das finden wir! Vielen Dank.

Gern geschehen! Schönen Aufenthalt in München!

Danke. Auf Wiedersehen.

Na, das ist wirklich einfach und nicht weit.

Stimmt, lass uns gehen. Sieh mal, das dort ist sicher die Kreuzung ...

— Wer bedankt sich bei der Passantin?
☐ Pierre ☐ Iwona ☐ beide
— Wie erreichen Iwona und Pierre das Hotel?
☐ Sie fahren mit dem Bus.
☐ Sie gehen zu Fuß.

?

Dialogue vocabulary

◎ 115

ganz einfach
quite simple

rechts
(to the) right

vorbei
past; over

die **Kreuzung,** -en
the crossroads

geradeaus
straight on

über
over, across

Gern geschehen!
You're welcome!

der **Aufenthalt,** -e
the stay, the stopover

der **Bus,** -se
the bus

Directions

◉ 117

geradeaus fahren
go straight on

Die nächste/ erste Straße …
The next/first street …

hier
here

… rechts abbiegen.
… turn right.

Die zweite/ dritte/… Straße …
The second/third/… street …

… nach links nehmen.
… take to the left.

Folgen Sie der Kurve und halten Sie sich rechts.
Follow the bend and keep right.

Dort vorne ist es.
It's up ahead there.

Dort hinten parken.
Park back there.

Am Brunnen vorbeigehen.
Pass the fountain.

Buildings & landmarks

⊚ 118

das **Hochhaus,** -häuser
the skyscraper,
the high-rise building

der **Kran,** Kräne
the crane

die **Kirche,** -n
the church

die **Einbahn-straße,** -n
the one-way street

die **Fußgänger-zone,** -n
the pedestrian zone

die **Kreuzung,** -en
the crossroads

die **Ampel,** -n
the traffic light

die **Bushalte-stelle,** -n
the bus stop

die **Baustelle,** -n
the road works;
the construction site

die **Post** *(only sg)*
the post (office)

der **Zebrastreifen,** -
the zebra crossing

1 Read the situations below. Then match them with the appropriate sentences in the speech bubbles and read them aloud.

a You want to stop a passerby politely.

b You ask a passerby if he could help you.

c Your train is leaving soon, but you can't remember the way to the station.

d You need directions to a certain street.

e You're going to see "Romeo and Juliet". If only you knew the way …

> Entschuldigen Sie bitte.

> Wissen Sie, wo die Schiller-straße ist?

> Entschuldigen Sie, ich suche das Theater.

> Können Sie mir vielleicht helfen?

> Können Sie mir bitte sagen, wo der Bahnhof ist?

2 What's the German word?

a *der Weg*
the way

b
past; over

c
to apologise

d
the passerby

e
over; across

f
straight on

g
somebody

h
finally

i
the crossroads

j
quite simple

Subordinate clauses with interrogative pronouns

All interrogative pronouns which are used for "W" questions (see p. 32) can also be used as subordinating conjunctions.

A question can be turned into a subordinate clause, using the interrogative pronoun as a conjunction. This is the case after certain verbs such as **sagen** *to say*, **wissen** *to know*, **fragen** *to ask* or **schreiben** *to write*.

The word order rule is the same as for subordinate clauses with **dass** *that* and **weil** *because* (see p. 196): the conjunction comes first and the verb last.

Sag mir, wo die Blumen sind.
Tell me where the flowers are.

Lass uns fragen, wann der Zug fährt.
Let's ask when the train will depart.

Ich schreibe dir, wer Laura abholt.
I'll write and tell you who will pick Laura up.

Where is Peter?

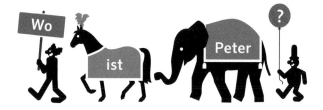

Do you know, where Peter is?

Prepositions with the dative

Unlike the prepositions that can take either the dative or the accusative (see pp. 137/150) the prepositions in the table on the right always take the dative (underlined in the examples).

aus	from, out of
von	from, of
zu	to, towards
nach	to, towards, past, after
bei	at, by, next to
mit	with
seit	since, for

Am Morgen rennt Nina mit ihrem Sohn Lukas aus dem Haus.
In the morning Nina runs out of the house with her son Lukas.

Sie laufen schnell zum Kindergarten.
They hurry to kindergarten.

Nina fährt vom Kindergarten zur Arbeit.
Nina goes from kindergarten to work.

Nach der Arbeit holt sie Lukas beim Kindergarten ab.
After work she picks Lukas up at kindergarten.

Seit der Scheidung ist sie immer müde.
She is always tired since her divorce.

Once again some prepositions combine with the article to make one word:

   von + dem = vom

  zu + dem = zum

   bei + dem = beim

  zu + der = zur

3

The following sentences are mixed up. Put them in the correct order.

a Wissen Sie, | München | nach | wann | Zug | der| abfährt |?
Wissen, Sie, wann der Zug nach München abfährt?

b Können Sie mir sagen, | Bahnhof | der | ist | wo |?

....

....

c Wissen Sie, |„München" | wo | ist | Hotel | das |?

....

....

d Pierre, bitte frag, | wie viel | Zimmer | das | kostet|!

....

....

e Schreiben Sie bitte, | Straße | heißt | wie | die |!

....

....

f Können Sie mir sagen, | Sie | woher | kommen |?

....

....

4

Which preposition is correct? Underline it.

a Iwona joggt nach | im Park.

b Pierre und Iwona fahren zum | nach München.

c Martina geht nach | zum Supermarkt.

d Brian fährt bis zur | nach Kreuzung.

e Susan läuft in die | zur Bushaltestelle.

f Yoko reist nach | zum Japan.

g Jens geht ins | nach Kino.

h Der Bus biegt in die | nach Schillerstraße ab.

i Martina und Jens gehen in eine | nach Ausstellung

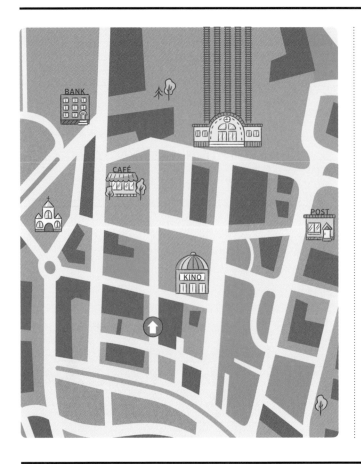

5

◎ 119

Listen to the CD. You'll hear five people giving directions. Follow the directions and write down which building is at the end of each route.

1 ....
2 ....
3 ....
4 ....
5 ....

6

Von or *aus*? Fill in the gaps with the correct preposition and the corresponding article. Be careful, sometimes they're written as one word, sometimes they're not!

a Pierre kommt _von der_ Party bei Jens.

b Susan kommt .... Haltestelle.

c Martina und Jens kommen .... Kino.

d Martina kommt .... Markt.

e Yoko kommt .... Bad.

f Brian kommt .... Kirche.

g Iwona kommt .... Spaziergang zurück.

h Jens kommt .... Museum.

7

Pair up the words or phrases as synonms or opposites.

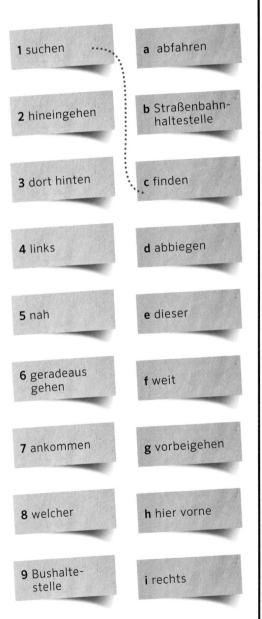

1 suchen   **a** abfahren

2 hineingehen   **b** Straßenbahn-haltestelle

3 dort hinten   **c** finden

4 links   **d** abbiegen

5 nah   **e** dieser

6 geradeaus gehen   **f** weit

7 ankommen   **g** vorbeigehen

8 welcher   **h** hier vorne

9 Bushalte-stelle   **i** rechts

8

Answer the questions making sentences with subordinate clauses as shown in the example.

a Woher kommt Yoko?

Ich sage dir, *woher Yoko kommt* .

b Welcher Kuchen schmeckt Pierre?

Schreib mir, ...

....

c Wie viel kostet die Jugendherberge?

Weißt du, ...

.... ?

d Wann beginnt der Film?

Bitte sag mir, ...

e Wie heißt Yoko mit Familiennamen?

Ich weiß nicht, ...

....

f Welches Deutschbuch benutzt Martina?

Kannst du mir sagen, ...

.... ?

g Was studiert Pierre?

Frag Pierre doch, ...

....

h Wie viele Bananen möchte Iwona kaufen?

Pierre, bitte schreib auf, ...

....

15

IN THE HOTEL

In this lesson you will learn

to deal with the check-in at a hotel →

to fill in forms with your personal data →

about services in a hotel →

Dialogue vocabulary

◎ 120

einchecken *sep*
to check in

der/die **Hotel-angestellte,** -n
the hotel clerk

Grüß Gott!
Hello!, Good day! *(used in Southern Germany)*

wir **haben reserviert (reservieren)**
we have booked (to book)

die **Buchung,** -en
the booking

wir **haben hergerichtet (herrichten** *sep***)**
we have prepared (to prepare)

der **Personal-ausweis,** -e
the ID card

der **Reisepass,** -pässe
the passport

Bitte schön.
Here you are.

dabeihaben *irr sep*
to have (with oneself)

die **Bestätigung,** -en
the confirmation

Hier bitte.
Here you are.

ich **bräuchte**
I'd need

Beim Einchecken

◉ 121

Nach der Ankunft im Hotel müssen die beiden einchecken.

 HOTELANGESTELLTER: Grüß Gott, wie kann ich Ihnen helfen?

 PIERRE: Mein Name ist Pierre Dupont und das ist Iwona Nowak. Wir haben online zwei Zimmer reserviert.

 Haben Sie die Bestätigung der Buchung dabei?

 Ja. Hier bitte.

 Vielen Dank. Einen Moment bitte ... Nowak und Dupont ... ah ja, hier. Wir haben die Zimmer 211 und 212 für Sie hergerichtet. Ich bräuchte noch Ihre Personalausweise oder Reisepässe, bitte.

 IWONA: Bitte schön.

 Danke.

— Pierre hat die Buchungsbestätigung dabei.
☐ **richtig** ☐ **falsch**
— Pierre und Iwona haben
☐ **ein Zimmer** ☐ **zwei Zimmer**
reserviert.

◉ 123

HOTELANGESTELLTER: Hier sind Ihre Schlüssel. Ihre Zimmer sind im zweiten Stock. Dort links ist der Aufzug und die Treppe. Der Speiseraum ist dort rechts. Frühstück gibt es von 6.30 Uhr bis 10 Uhr. Haben Sie noch irgendwelche Fragen?

IWONA: Ja, wann müssen wir am Sonntag das Zimmer verlassen?

Sie haben bis 12 Uhr mittags Zeit auszuchecken. Ah, und ich möchte Sie bitten, dass Sie noch diese Formulare ausfüllen. Sie können das auf dem Zimmer machen und sie später hier abgeben.

Gut. Auf Wiedersehen. Ich möchte mich kurz waschen und frisch machen. Ich beeile mich. Gehen wir dann in die Stadt?

PIERRE: Ja, gern!

— Der Speiseraum ist rechts von der Rezeption.
☐ richtig ☐ falsch
— Um 9 Uhr gibt es noch Frühstück.
☐ richtig ☐ falsch
— Pierre möchte nicht mehr in die Stadt.
☐ richtig ☐ falsch

Dialogue vocabulary

⊚ 122

der **Schlüssel**
the key

der **Stock**, -
das **Stockwerk**, -e
the floor, the level

der **Aufzug**,
Aufzüge
the lift, the elevator

das **Frühstück**, -e
the breakfast

verlassen *irr*
to leave

das **Formular**, -e
the form

ausfüllen *sep*
to fill in

sich **beeilen**
to hurry

die **Treppe**, -n
the stairs

der **Speiseraum**,
-räume
the dining room

irgendwelche
any

die **Frage**, -n
the question

mittags
at noon

auschecken *sep*
to check out

bitten (**um**) *irr*
to ask (for), to request

abgeben *irr sep*
to deliver, to hand over

(sich) **waschen** *irr*
to wash (oneself)

sich **frisch machen** *irr*
to freshen up

die **Rezeption**, -en
the reception

The hotel

◉ 124

die **Anreise** (mostly sg) the arrival

die **Abreise** (mostly sg) the departure

HOTEL STEININGER ★★★★★

die **Dusche**, -n the shower

das **Doppel-zimmer**, - the double room

das **Einzel-zimmer**, - the single room

die **Über-nachtung**, -en the overnight stay

das **Schwimm-bad**, -bäder the swimming pool

der **Zimmer-service**, -s the room service

der **Fahrrad-verleih**, -e the bike rental

Personal data

◉ 125

die **Anmeldung, -en**
the registration

Frau	Dr.
die **Anrede,** -n form of address: Herr (*Mr*) or Frau (*Ms*)	der **Titel,** - the (academic) title
Agnieszka	Nowikowska
der **Vorname,** -n the first name	der **Nachname,** -n the last name, the surname

Brahmsstr.	29	
die **Straße,** -n the street	die **Hausnummer,** -n (*short* **Hausnr.**) the house number	

10699	Berlin
die **Postleitzahl,** -en (*short* **PLZ**) the postcode	der **Wohnort,** -e the place of residence
030/1224566	0149/55678910
das **Telefon,** -e (*short* **Tel.**) the telephone	das **Mobiltelefon,** -e the mobile phone
polnisch	30. April 1978
die **Staatsangehörigkeit,** -en the nationality	das **Geburtsdatum,** -daten the date of birth

1 Fill in the form with your personal data.

Anrede: ☐ Herr ☐ Frau

Titel: ....

Vorname: ....

Nachname: ....

Straße, Hausnr.:

....

PLZ: ....

Wohnort: ....

Land: ....

Staatsangehörigkeit: ....

Tel.: ....

Mobiltelefon: ....

2 Which words are paraphrased in the following sentences?

a Ein Zimmer für zwei Personen.

das *Doppelzimmer*

b Hier in der Hotelhalle kann ich ein Zimmer buchen.

die ....

c Hier kann ich schwimmen.

das ....

d Ein Zimmer für eine Person.

das ....

e Mit ihm komme ich ins Zimmer.

der ....

f Das muss ich im Hotel ausfüllen.

das ....

3 What's the German word?

a *einchecken*
to check in

b ....
the key

c ....
to leave

d ....
to fill in

e ....
the breakfast

f ....
the booking

g ....
to book

h ....
to hurry

i ....
the hotel clerk

j ....
the passport

Reflexive verbs

German reflexive verbs can be recognised by the reflexive pronoun **sich** (*oneself*).

In most cases a verb can be used both reflexively as well as non-reflexively. In the example below the verb (**sich**) **waschen** (*to wash*) is used reflexively in the first case and has a direct object in the second:

Paul wäscht sich.
Paul washes himself.

Paul wäscht seine Katze.
Paul washes his cat.

In German reflexive verbs are used much more frequently than in English and often the English translation is not reflexive.

Ich muss mich beeilen.
I have to hurry up.

Wir treffen uns an der Bushaltestelle.
We'll meet at the bus stop.

Other examples are:
sich erholen (*to recover*)
sich freuen (*to be pleased*)
sich setzen (*to sit down*)
sich irren (*to be wrong*)

Reflexive pronouns are identical to personal pronouns in the accusative (see p. 96), with the exception of the third person singular and plural, and the formal Sie:

pers. pronoun nom.	ich	du	er	sie	es	wir	ihr	sie	Sie
pers. pronoun acc.	mich	dich	ihn	sie	es	uns	euch	sie	Sie
reflexive pronoun	mich	dich	sich	sich	sich	uns	euch	sich	sich

Nationalities

Adjectives of nation-ality are written in the lower case and usually end with **-isch**.

der Japaner, -
die Japanerin, -nen
the Japanese man, woman

japanisch
Japanese

der Amerikaner, -
die Amerikanerin, -nen
the American

amerikanisch
American

der Australier, -
die Australierin, -nen
the Australian

australisch
Australian

der Russe, -n
die Russin, -nen
the Russian

russisch
Russian

der Ire, -n
die Irin, -nen
the Irishman, Irishwoman

irisch
Irish

der Brite, -n
die Britin, -nen
the British man the British woman

britisch
British

der Pole, -n
die Polin, -nen
the Pole

polnisch
Polish

der Ukrainer, -
die Ukrainerin, -nen
the Ukrainian

ukrainisch
Ukrainian

der Deutsche, -n
die Deutsche, -n
the German

deutsch
German

der Franzose, -n
die Französin, -nen
the Frenchman, Frenchwoman

französisch
French

der Schweizer, -
die Schweizerin, -nen
the Swiss

schweizerisch
Swiss

der Österreicher, -
die Österreicherin, -nen
the Austrian

österreichisch
Austrian

der Spanier, -
die Spanierin, -nen
the Spaniard

spanisch
Spanish

der Italiener, -
die Italienerin, -nen
the Italian

italienisch
Italian

The nouns for the inhabitants of a country often end with -e or -er for the male and -in for the female, but there is no general rule.

4
⊙ 126

Jens has found a leaflet with additional hotel services. Read the questions below and listen to his conversation with Martina. Then briefly answer the questions.

a Wie viel kostet die Sauna*?

....

b Wo kann man etwas trinken?

....

c Was kann man in dem Hotel ausleihen?

....

d Welche kostenlosen Services gibt es?

....

* die Sauna, Saunen − *the sauna*

5

Read the sentences and fill in the missing reflexive pronouns.

a Es ist 13 Uhr und der Zug fährt um 13.14 Uhr ab. Wir müssen ...*uns*... beeilen!

b Frau Gerber, wie fühlen Sie ....? − Ach, heute fühle ich .... nicht gut!

c Möchtest du noch etwas trinken? Dort stehen Getränke und du darfst .... einfach bedienen.

d Iwona und Pierre gehen noch in die Stadt. Aber zuerst will Iwona .... waschen.

e Mensch, was ist passiert? Wie habt ihr .... verletzt?

6
⊙ 127

Look at the booking form and listen to the short dialogue on the CD to gather the information needed. Then fill in the form.

ANMELDUNG

Anreise: .... Abreise: ....

Erwachsene: .... Kinder: ....

☐ Einzelzimmer ☐ Doppelzimmer

Mit Frühstück?

☐ Nein ☐ Ja (+ 7,00 EUR pro Person)

7

Read the short information about a hotel and answer the questions.

VERBRINGEN SIE Ihren Urlaub in unserem komfortablen Hotel. Wir bieten Ihnen 18 Doppelzimmer und 6 Einzelzimmer mit Dusche und WC und zusätzlich TV und Radio. Pro Person und Nacht kostet das Einzelzimmer 55 Euro, das Doppelzimmer 45 Euro. Das Frühstück ist inklusive. Sie können erst am Abend anreisen? *Kein Problem!* Die Rezeption ist immer offen und eine Anreise ist auch nach 20 Uhr möglich!

a Wie viel kosten zwei Nächte in einem Einzelzimmer?

.... Euro

b Gibt es eine Dusche im Zimmer?

☐ Ja   ☐ Nein

c Ist eine Anreise um 21 Uhr möglich?

☐ Ja   ☐ Nein

d Wie viele Zimmer hat das Hotel? .... Zimmer

8

Which pronoun is correct? Underline it.

a Der Kuchen schmeckt Pierre. Er schmeckt ihn | ihm.

b Ich kenne mich | mir gut.

c Iwona entschuldigt ihr | sich.

d Köln gefällt Iwona nicht, aber München gefällt sie | ihr gut.

e Wir freuen uns | euch sehr.

f Brian und Yoko beeilen ihnen | sich.

g Iwona und Pierre, trefft ihr euch | sich oft?

9

Where are they from and which language do they speak? Cross the wrong words out.

a Jens kommt aus Deutschland | ~~Germany~~.

b Martina ist Deutsche | Deutschländerin.

c Yoko kommt aus Japan. Sie ist Japanerin | Japonesin und sie spricht asiatisch | japanisch.

d Susan kommt aus Großbritannien | Großbritenland. Sie ist Bretonin | Britin und spricht britannisch | englisch.

e Brian kommt aus Austria | Australien. Er spricht australisch | englisch.

f Pierre kommt aus Frankland | Frankreich. Er ist Franke | Franzose.

10

Fill in the missing reflexive pronouns.

a Martina und Jens kennen *sich* schon drei Jahre

b Am Morgen macht Iwona .... frisch, sie wäscht .... und putzt .... die Zähne. Der Bus fährt in 10 Minuten. Sie muss .... beeilen.

c Pierre möchte nach Köln fahren, Iwona nicht. Sie entscheiden .... für München. Iwona freut .... sehr.

d Heute Abend gehe ich ins Theater. Ich freue .... schon darauf.

e Susan, was machst du heute Abend? – Ich treffe .... mit Yoko und Brian, wir gehen ins Kino. – Trefft ihr .... oft? – Ja, wir treffen .... am Montag zum Volleyball und sehen .... auch oft am Wochenende.

11

Martina and Jens arrived at their hotel, but the dialogue at the reception got mixed up. Can you put it in the correct order?

1 HOTELANGESTELLTER: Darf ich bitte noch Ihren Personalausweis sehen?

2 HOTELANGESTELLTER: Und wie ist Ihr Name?

3 HOTELANGESTELLTER: Danke. Sie haben Zimmer 103 im ersten Stock. Hier ist Ihr Schlüssel. Haben Sie noch Fragen?

4 HOTELANGESTELLTER: Guten Tag, was kann ich für Sie tun?

5 HOTELANGESTELLTER: Ich wünsche Ihnen einen angenehmen Aufenthalt. Auf Wiedersehen.

6 JENS: Guten Tag, wir haben ein Zimmer reserviert.

7 JENS: Ja, hier ist er, bitte.

8 JENS: Nein. Auf Wiedersehen.

9 JENS: Schubert, Jens Schubert.

Correct order: ....

16

AT THE OKTOBERFEST

In this lesson you will learn

to talk about the weather →

to understand short weather forecasts →

to write simple text messages →

Dialogue vocabulary

◉ 128

More vocabulary for this dialogue can be found in the thematic vocabulary section on page 234.

das **Riesenrad,** -räder
the big wheel

Glück haben *irr*
to be lucky

das **Glück** *(only sg)*
happiness, luck

warm
warm

sonnig
sunny

die **Achterbahn,** -en
the roller coaster

es ist jetzt schon nach vier
it's already past four o'clock

hungrig
hungry

die **Bratwurst,** -würste
the bratwurst (fried sausage)

Auf!
Come on!, Let's go!

Komm!
here: Come on!

erst einmal
first

großartig
great, awesome

Hunger haben *irr*
to be hungry

schau mal
look

Hast du darauf Lust?
Do you feel like doing that?

Auf zum Riesenrad!

◉ 129

Dann kommen Iwona und Pierre endlich auch auf dem Oktoberfest an.

IWONA: Wir haben echt Glück mit dem Wetter! Es ist richtig warm und sonnig!

PIERRE: Ja! Komm, wir fahren erst einmal mit dem Riesenrad ..., dann können wir alles von oben sehen.

Das ist eine gute Idee! Aber mit der Achterbahn möchte ich auch fahren.

Na klar! Dann auf zum Riesenrad!

Einige Zeit später

Das war großartig.

Das stimmt! Iwona, es ist jetzt schon nach vier und ich habe Hunger. Wollen wir etwas essen gehen?

Ja, gern, ich habe auch Hunger. Schau mal, dort gibt es Bratwurst. Hast du darauf Lust?

— **Das Wetter in München ist**
  ☐ gut. ☐ schlecht.
— **Pierre und Iwona fahren zuerst**
  ☐ mit dem Riesenrad.
  ☐ mit der Achterbahn.

◉ 131

Kurze Zeit später in Berlin

PIERRE: Hmm, ich weiß noch nicht. Lass uns vielleicht schauen, was es sonst noch gibt.

IWONA: Möchtest du in eins dieser großen Festzelte?

Nein, lieber nicht. Da ist es zu voll!

Du hast recht. Lass uns hier draußen etwas Leckeres suchen. Ich schreibe nur noch schnell Martina eine SMS.

MARTINA: Jens, hör mal. Iwona schreibt vom Oktoberfest: „Liebe Martina. Die Sonne scheint, es ist warm. Uns geht es gut, das Oktoberfest ist toll! LG Iwona & Pierre".

JENS: Na toll ... und hier regnet es!

— Pierre möchte
☐ sehr gern ☐ lieber nicht
in ein Festzelt.
— ☐ Iwona ☐ Pierre
schreibt eine SMS an
☐ Martina. ☐ Jens.

Dialogue vocabulary

◉ 130

More vocabulary for this dialogue can be found in the thematic vocabulary section on page 234.

schauen
to look

groß
big, large, tall

das **Festzelt,** -e
the festival hall

das **Zelt,** -e
the tent

zu voll
too crowded

schreiben *irr*
to write

schnell
quick(ly), fast

die **Sonne,** -n
the sun

sonst noch
else

lieber nicht
rather not

voll
full

draußen
outside

die **SMS,** -
the text (message)

Hör mal!
Listen!

Liebe(r) ...
Dear ...

scheinen *irr*
here: to shine

LG (= Liebe Grüße)
regards, love

regnen
to rain

Weather

◎ 132

die **Wolke,** -n
the cloud

bewölkt
cloudy, overcast

der **Wind,** -e
the wind

der **Regen**
(only sg)
the rain

der **Sturm,**
Stürme
the storm

kühl
cool, chilly

der **Nebel**
the fog

der **Schnee** *(only sg)*
the snow

das **Eis** *(only sg)*
the ice

das **Gewitter**
the thunderstorm

heiß
hot

kalt
cold

eisig
icy

neblig
foggy

schneien
to snow

stürmen
to be stormy

winden
to blow (a gale)

regnen
to rain

1 Which reply fits? Match the sentences with their appropriate answers.

1 Wie ist das Wetter in Hamburg?

a Wieso? Heute regnet es nicht!

b Ja, es stürmt sogar!

c In Hamburg regnet es und es ist kalt.

2 Schneit es bei euch?

3 Nimm einen Regenschirm mit!

4 Ist es heute kalt?

d Nein, es gibt keinen Schnee. Bei uns scheint die Sonne.

e Ja, es ist bewölkt und richtig kalt.

5 Windet es?

2 Which word is missing? Tick the correct box.

a Der Tag ist sehr heiß.
Am Abend gibt es ein
☐ Wetter. ☐ Gewitter.
☐ Wasser. ☐ Sonne.

b So viele Wolken!
Der Himmel ist
☐ geschlossen.
☐ schwer.
☐ bewölkt.
☐ eisig.

c Hurra, morgen
☐ schaut ☐ scheint
☐ hat ☐ gibt
die Sonne!

3 What's the German word?

a *warm*
warm

b
to write

c
to be lucky

d
fast

e
the tent

f
the snow

g
sunny

h
to look

i
the sun

j
hungry

The impersonal *es*

Every sentence must have a subject. If there's no person (or animal or thing) that acts as a subject **es** (*it*) is used.

It's just the same as in English: **es** (*it*) can be used when talking about the time, the weather or other things. A very common usage is also **es gibt** (*there is/are*).

Es schmeckt mir.
It tastes good to me.

Es ist noch früh.
It's still early.

Wie geht es dir?
How are you?

Es gibt Geister im Schloss.

There are ghosts in the castle.

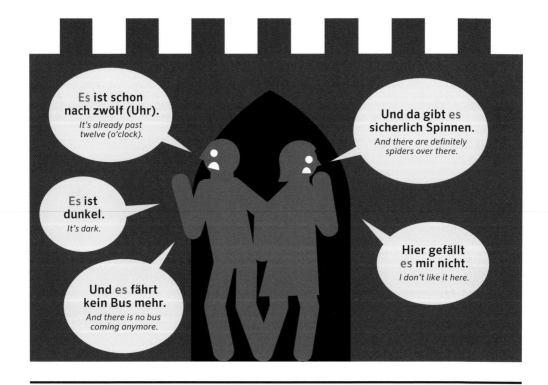

Es ist schon nach zwölf (Uhr).
It's already past twelve (o'clock).

Und da gibt es sicherlich Spinnen.
And there are definitely spiders over there.

Es ist dunkel.
It's dark.

Hier gefällt es mir nicht.
I don't like it here.

Und es fährt kein Bus mehr.
And there is no bus coming anymore.

The weather

Most expressions about the weather are similar to those in English. The impersonal **es** is often used.

A question often asked is:

Wie ist das Wetter bei euch?
How's the weather with you?

You can answer:

Das Wetter ist gut.
The weather's fine.

Es ist neblig.
It's foggy.

Es ist kalt.
It's cold.

Die Sonne scheint.
The sun's shining.

Es stürmt.
It's stormy.

Das Wetter ist schlecht.
The weather's bad.

Es ist warm.
It's warm.

Es ist heiß.
It's hot.

Es regnet.
It's raining.

Es schneit.
It's snowing.

Adjectives (I)

Adjectives describe nouns. They come either in front of the noun or together with the verbs **sein** (*to be*) or **werden** (*to get*).

Adjectives with **sein** or **werden** are not declined. Adjectives in front of the noun have to be declined: case, gender and number of the adjective are the same as that of the noun (and article).

The declination differs depending on the article used. The definite article is explained here. For the indefinite article see p. 265.

Wir beobachten den schnellen **Mann** (Akk.). *We are watching the fast man.*

Die reiche **Frau** (Nom.) **winkt uns.** *The rich woman waves to us.*

Die Frau ist reich. *The woman is rich.*

Dem starken **Kind** (Dat.) **musst du nicht helfen.** *You don't have to help the strong child.*

Die starken **Kinder** (Nom.) **helfen den** schwachen **Männern** (Dat.).
The strong children are helping the weak men.

e.g. **gut** (*good*) after a definite article			
CASE	MASCULINE SINGULAR	FEMININE SINGULAR	NEUTER SINGULAR	PLURAL
Nom.	**der gute**	**die gute**	**das gute**	**die guten**
Akk.	**den guten**	**die gute**	**das gute**	**die guten**
Dat.	**dem guten**	**der guten**	**dem guten**	**den guten**

4

Choose the correct phrase and complete the sentences.

es regnet

es schneit

es ist kalt

es ist schon 10 Uhr

es ist schon spät

es schmeckt mir gut

es gefällt mir dort sehr

es gibt

a Wir müssen jetzt gehen, *es ist schon spät* .

b Beeile dich, ..., der Zug fährt ab!

c Der Winter ist schon da, ...

d Kinder kommt ins Haus, sonst werdet ihr nass*, ...

e Pierre, bitte bring mir meine Jacke, ...

f Iwona, du hast sehr gut gekocht, ...

g Wie ist denn deine neue Firma? ....

h Im Supermarkt .... Obst und Gemüse.

* nass − *wet*

5

Fill in the gaps with the correct adjective endings. NB: *"mit"* takes the dative!

a Wir haben Glück mit dem warm*en* und sonnig*en* Wetter.

b Wir fahren mit dem großartig....... Riesenrad.

c Das ist die tollst....... Idee.

d Ich möchte mit der fantastisch....... Achterbahn fahren.

e Schmeckt dir diese heiß....... Bratwurst?

f Ja, das ist für mich das leckerst....... Essen!

g Ich mag lieber die einfach....... Brezel.

h Ich mag die groß....... und voll....... Festzelte nicht so gern.

i Aber ich mag das kalt....... Bier in den groß....... Gläsern!

j München ist sehr interessant. Ich finde das schön...... Wetter und die international........ Atmosphäre** hier super.

* die Brezel, -n − *the pretzel*
** die Atmosphäre, -n − *the atmosphere*

6

In order to place emphasis on an adverb or adverbial phrase, it is positioned at the start of a sentence. Re-arrange the following sentences, putting the underlined words at the beginning.

a Es schneit schon <u>seit einer Woche</u>.

Seit einer Woche schneit es schon.

b Das Kino beginnt <u>um 20 Uhr</u>.

....

c Nur der Vater hat es <u>eilig</u>.

....

d Es regnet <u>seit drei Tagen</u>.

....

e Es gibt <u>nur eine Stadt</u> für mich, und die heißt Berlin!

....

....

f Es gibt nur eine Stadt <u>für mich</u>, und die heißt Berlin!

....

....

g Es schmeckt mir <u>gut</u> im Restaurant „Milano".

....

....

h Es gefällt mir <u>hier</u>.

....

i Es ist <u>in München</u> kälter als in Berlin.

....

....

7

⊙ 133

Read the sentences and then listen to the weather reports. Mark: right or wrong.

	right	wrong
a In Köln regnet es.	☐	☐
b Das Wetter in Hamburg ist schön.	☐	☐
c In München regnet es am Vormittag.	☐	☐
d In Berlin ist es warm.	☐	☐
e In Stuttgart ist es kalt.	☐	☐

8

Which adjectives go with the given nouns? Be careful to add the correct ending!

weiß

lang-weilig

toll

heiß

kalt

alt

lecker

voll

kühl

schön

a das _schöne_ Wetter

b die .... Bratwurst

c die .... Bücher*

d der .... Schnee

e das .... Festzelt

f die .... Sonne

g der .... Wind

h die .... Großmutter

i die .... Wolken

j die .... Achterbahn

* das Buch, Bücher – *the book*

9

Put the mixed up sentences/ clauses in the right order.

a Wie spät ist es?

nach | vier | es | ist | gleich | .

Es ist gleich nach vier.

b Tut mir leid,

mehr | Bus | kein | es | jetzt | fährt | .

....

c Die Party kann beginnen.

genug* | es | gibt | auch | aber | zu trinken | ?

....

d Wir haben Glück mit dem Wetter!

richtig | warm | es | und | ist | sonnig | .

....

e Ich habe Hunger!

Bratwurst | dort | es | gibt | .

....

* genug – *enough*

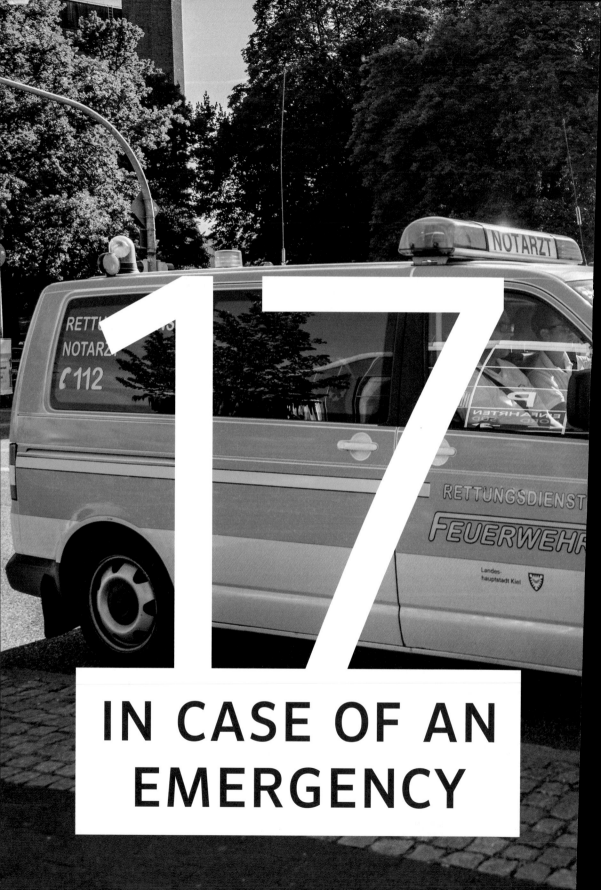

17
IN CASE OF AN EMERGENCY

In this lesson you will learn

to talk about illness and health →

to give a short accident report →

about parts of the body →

Dialogue vocabulary

◎ 134

der **Arzt,** Ärzte
the doctor (male)

die **Ärztin,** -nen
the doctor (female)

die **Kranken-schwester,** -n
the nurse

die **Behandlung,** -en
the treatment

der **Fragebogen,** -bögen
the form

persönlich
personal(ly)

die **Allergie,** -n
the allergy

der **Warte-bereich,** -e
the waiting area

Herr
Mr

behandeln
to treat

das erste Mal
the first time

die **Versicherungs-karte,** -n
the insurance card

die **Daten** (only pl)
the data

die **Information,** -en
the information

und so weiter
and so on

das **Wartezimmer**
the waiting room

Platz nehmen irr
to take/have a seat

aufrufen irr sep
to call

noch nie
never

Pierre beim Arzt

⊚ 135

 KRANKENSCHWESTER: Herr Dupont. Waren Sie schon einmal bei uns in Behandlung?

 PIERRE: Nein, das ist das erste Mal.

 Gut, dann brauche ich Ihre Versicherungskarte, bitte. Und füllen Sie bitte diesen kurzen Fragebogen mit Ihren persönlichen Daten und Informationen zu Allergien und so weiter aus.

 O. K., hier ist meine Karte.

 Danke, dann können Sie dort im Wartebereich Platz nehmen und den Fragebogen ausfüllen. Wir rufen Sie dann auf.

— **Wie oft war Pierre schon in diesem Krankenhaus?**
  ☐ noch nie ☐ einmal
— **Hat Pierre seine Versicherungskarte dabei?**
  ☐ ja ☐ nein

⊚ 137

ARZT: *(im Behandlungsraum)* Herr Dupont, was tut Ihnen denn weh?

PIERRE: Hier am Knöchel schmerzt es beim Auftreten. Ich kann kaum gehen.

Was haben Sie denn gemacht? Wie haben Sie sich verletzt?

Wir haben ein Museum besichtigt. Auf der Treppe beim Ausgang habe ich eine Stufe übersehen. Dann bin ich ausgerutscht, hingefallen und mit dem Fuß umgeknickt. Zuerst konnte ich noch gehen, aber dann hat es nach ein paar Minuten so wehgetan, dass ich nicht mehr gehen konnte.

Hmm … ja, da ist eine starke Schwellung am Knöchel. Zuerst müssen wir den Fuß röntgen. Dann sehen wir, ob Sie ihn gebrochen haben oder nicht. Sonst ist aber alles in Ordnung?

Ja.

Das ist gut. Warten Sie hier, ich hole einen Pfleger, der Sie zum Röntgen bringt.

— Wo hat Pierre Schmerzen?
  ☐ Am Fuß. ☐ An der Hand.
— Wo ist der Unfall passiert?
  ☐ Im Krankenhaus.
  ☐ Im Museum.
— Wer bringt Pierre zum Röntgen?
  ☐ Eine Krankenschwester.
  ☐ Ein Pfleger.

Dialogue vocabulary

⊚ 136

wehtun *irr sep*
to hurt

die **Stufe,** -n
the step (*on stairs*)

ausrutschen *sep*
to slip

brechen *irr*
to break

der **Unfall,** Unfälle
the accident

---

der **Behandlungs-
raum,** -räume
the surgery

der **Knöchel,** -
the ankle

schmerzen
to hurt

beim Auftreten
when treading on it

auftreten *irr sep*
to tread

kaum
hardly

(sich) verletzen
to hurt/injure (oneself)

der **Ausgang,**
Ausgänge
the exit

übersehen *irr*
to overlook

hinfallen *irr sep*
to fall over

umknicken *sep*
to twist

zuerst
first

stark
strong; heavy

die **Schwellung,** -en
the swelling

röntgen
to X-ray

**ob Sie ihn ge-
brochen haben**
whether you have
broken it

der **Pfleger,** -
the male nurse

das **Röntgen**
(*only sg*)
the X-ray

der **Schmerz,** -en
the pain

das **Krankenhaus,**
-häuser
the hospital

Parts of the body

◎ 138

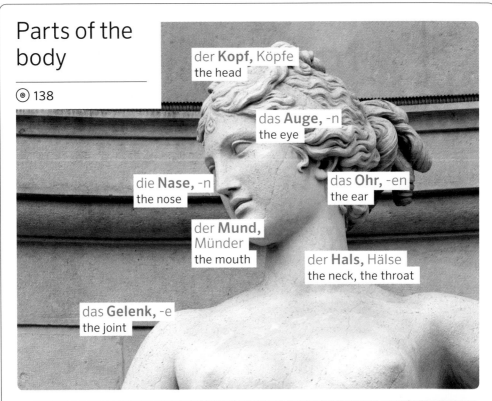

der **Kopf,** Köpfe
the head

das **Auge,** -n
the eye

die **Nase,** -n
the nose

das **Ohr,** -en
the ear

der **Mund,**
Münder
the mouth

der **Hals,** Hälse
the neck, the throat

das **Gelenk,** -e
the joint

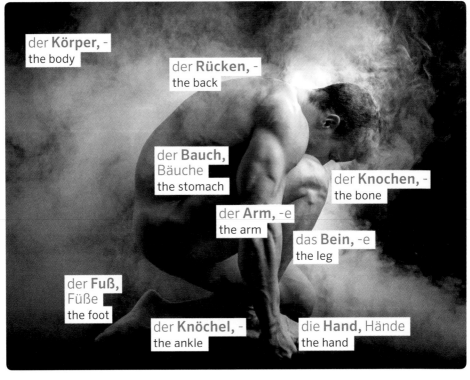

der **Körper,** -
the body

der **Rücken,** -
the back

der **Bauch,**
Bäuche
the stomach

der **Knochen,** -
the bone

der **Arm,** -e
the arm

das **Bein,** -e
the leg

der **Fuß,**
Füße
the foot

der **Knöchel,** -
the ankle

die **Hand,** Hände
the hand

1 One, two, ten, many? Put the following parts of the body under their appropriate headings, using the plural if necessary.

Finger*	Kopf	Bauch	Fuß
Hand	Auge	Gelenk	Arm
Nase	Rücken	Zeh**	Knochen
Mund	Hals	Bein	Ohr

* der Finger, – *the finger*   ** der Zeh, -en – *the toe*

Der Mensch hat ...

eine/einen	zwei	zehn	viele
Kopf	*Füße*		

2 What's the German word?

e
....
the accident

h
....
the nurse

a *die Allergie*
the allergy

c
....
to hurt

f
....
the doctor (male)

i
....
the treatment

b
....
personal(ly)

d
....
to break

g
....
the step (on stairs)

j
....
to slip

The *Perfekt*

The *Perfekt* is the past tense that is most commonly used in spoken German (but please see also pp. 152 and 165/166).

The *Perfekt* is a compound tense similar to the English present perfect, made up of two parts: an auxiliary verb — **haben** or **sein** conjugated in the present tense — plus the past participle of the main verb.

However, the German *Perfekt* and the English present perfect are used in different ways. Simply use the *Perfekt* for all statements about the past.

As for the word order: the auxiliary verb (i.e. **haben** or **sein**) is the conjugated verb and therefore comes in second position in the sentence while the past participle comes at the end.

Haben is used in most cases in German when forming the *Perfekt* tense.

I saw you yesterday.

For verbs of movement (like **gehen** — *to go*, **fahren** — *to drive*) or a change of state (like **einschlafen** —*to fall asleep*) the *Perfekt* is mostly formed using **sein**.

You went to the parade.

German verbs form the past participle in different ways. The distinction is made between verbs without a prefix, verbs with a separable prefix and verbs with a non-separable prefix.

Verbs without a prefix

REGULAR	IRREGULAR
machen – gemacht	**gehen – gegangen**
to make – made	*to go – gone*

ge- is put in front of the verb

A further distinction is made between regular and irregular verbs (for a list of irregular verbs see p. 288 in the appendix).

Regular verbs : the past participle ends on -t or on -et when the word stem ends on -t or -d (e.g. **warten – gewartet** *to wait – waited*).

Irregular verbs : the past participle ends on -en (e.g. **sehen – gesehen** *to see – seen*).

Verbs which end on -ieren have their own rule . They form the past participle without the prefix "ge-": **studieren – studiert** (*to study – studied*), **passieren – passiert** (*to happen – happened*).

Verbs with a separable prefix

REGULAR	IRREGULAR
einkaufen – eingekauft	**abfahren – abgefahren**
to buy – bought	*to depart – departed*

-ge- is put directly after the prefix.

Verbs with a non-separable prefix

REGULAR	IRREGULAR
begeistern – begeistert	**bekommen – bekommen**
to exite – exited	*to get – got*

The prefix is simply kept unaltered.

Health and illness

Ich bin nicht gesund.
I'm not well.

Ich habe eine Erkältung.
I've caught a cold.

Ich fühle mich nicht gut.
I don't feel well.

Ich bin wirklich krank.
I'm really ill.

Ich habe Schmerzen.
I'm in pain.

Oder ich habe eine Grippe.
Or I have the flu.

Ich fühle mich schlecht.
I feel awful.

Das Fieber steigt.
I am running a temperature.

Ich muss ständig niesen.
I'm sneezing all the time.

Ich huste.
I'm coughing.

Ich habe mir den Arm gebrochen.
I have broken my arm.

3

If a certain part of your body hurts, you can sometimes use a composite noun adding *-schmerzen* or *-weh*. Write a short sentence describing what hurts.

a die Gelenkschmerzen

Meine Gelenke tun weh./
Meine Gelenke schmerzen

b das Bauchweh

....

c die Zahnschmerzen

....

....

d das Halsweh

....

e die Ohrenschmerzen

....

....

f die Kopfschmerzen

....

....

4

Put the senten-ces in the *Perfekt* tense and in the correct order.

a Iwona | sind | einkaufen | Pierre | und | gestern | gegangen | .

Iwona und Pierre sind gestern einkaufen gegangen.

b du | gemacht | die Aufgabe | richtig | hast | !

....

c Martina | wann | eingecheckt | im Hotel | hat | ?

....

d gesehen | hast | in München | was | du | ?

....

e ich | nach Hamburg | gefahren | bin | gestern | .

....

5

Fill in the gaps with the appropriate forms of *haben* or *sein*.

Gestern (a) _bin_ ich einkaufen gegangen. Im Supermarkt (b) .... ich einen Freund getroffen. Ich (c) .... meine Einkäufe bezahlt und wir (d) .... zusammen in ein Café gegangen. Im Café (e) .... ich ein Stück Torte bestellt und eine große Tasse Cappuccino. Mein Freund (f) .... Apfelkuchen bestellt und ein Glas Cola. Wir (g) .... viel geredet. Danach (h) .... wir noch einen Spaziergang durch die Stadt gemacht. Wir (i) .... auch auf den Marktplatz gegangen. Dort (j) .... gerade Wochenmarkt. Mein Freund (k) .... noch frisches Obst gekauft. Dann (l) .... wir uns verabschiedet und ich (m) .... die Straßenbahn genommen und (n) .... nach Hause gefahren.

6

⊚ 139

Listen to the CD. You will hear some statements about health that help you fill in the gaps. One term is not used.

Terms
Rückenschmerzen
gesund
eine Verletzung*
eine Erkältung
eine Allergie
eine Grippe
gebrochen
krank

1 Martina hat _eine Allergie_ .

2 Jens hat
....

3 Johannes' Fuß ist
....

4 Pierre hat
....

5 Iwona hat
....

6 Peter hat am Arm
....

7 Claudia ist
....

* die Verletzung, -en – *the injury*

Heute ist Freitag, der 13. März. Julia geht im Park spazieren. Julia hört ein Fahrrad und dreht sich um. Ein Mann auf einem Fahrrad fährt sehr schnell in ihre Richtung. Er sieht Julia nicht. Im letzten Moment kann der Mann ausweichen*. Aber Julia rutscht aus und fällt hin. Ihre rechte Hand tut weh und sie kann sie nicht mehr bewegen.

* ausweichen — *to avoid*

7

Read the text. Then write a short accident report as if it had happened to you. Where needed, use the *Perfekt* with the given past participles.

---

ausgewichen	gehört
umgedreht	hingefallen
gefahren	bewegt
wehgetan	gesehen
gegangen	ausgerutscht

8

Write the participles in the infinitive on the lines below.

---

a Pierre hat sich verletzt.
(sich) verletzen

b Er hat eine Stufe übersehen
....

c und ist ausgerutscht.
....

d Dann ist er hingefallen und
....

e dabei umgeknickt.
....

f Das hat seht wehgetan.
....

g Er ist zum Arzt gegangen,
....

h der Arzt hat ihn behandelt
....

i und den Fuß geröntgt.
....

j Vielleicht hat sich Pierre den Fuß gebrochen.
....

18
REPORT ON THE JOURNEY

In this lesson you will learn

to give a short verbal account of a journey →

to express likes or dislikes →

to express degree and frequency →

Dialogue vocabulary

◉ 140

Mensch!
Blimey!, Gosh!

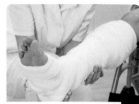

Was ist denn mit deinem Fuß passiert?
What has happened to your foot?

passieren
to happen

die **Kontrolle**, -n
the check-up

Oje!
Oh dear!

schlimm
bad

der **Ausflug,**
Ausflüge
the trip, the tour

trotzdem
anyway, nevertheless

erzählen
to tell

als
when

Zurück in Berlin

◎ 141

Zurück in Berlin, treffen sich Iwona und Pierre mit Martina und Jens in einem Café.

 MARTINA: Mensch, Pierre … Was ist denn mit deinem Fuß passiert?

 PIERRE: Ich bin ausgerutscht, als ich aus dem Museum gegangen bin. Wenn es wieder besser ist, muss ich hier wieder zum Arzt zur Kontrolle.

 JENS: Oje, das ist schlimm. Aber wie war euer Ausflug? Hattet ihr trotzdem schöne Tage?

 Erzählt doch bitte!

 IWONA: Ja, wir hatten schöne Tage in München, und Pierres Unfall war erst am Samstag.

— Iwona und Pierre treffen sich mit Martina und Jens
☐ im Museum. ☐ im Café.
— Pierres Unfall war
☐ am Donnerstag. ☐ am Samstag.

⊚ 143

IWONA: Wir sind am Donnerstag mit dem Zug nach München gefahren. Aber die Fahrt war etwas langweilig.

PIERRE: Als wir dann in München waren, sind wir zuerst zum Hotel gegangen und haben eingecheckt. Dann haben wir noch etwas im Stadtzentrum gegessen und sind früh ins Bett gegangen.

Und am Freitag sind wir früh aufgestanden. Zuerst haben wir eine kleine Stadtrundfahrt gemacht. Das hat mir sehr gefallen. Nach dem Mittagessen sind wir dann auf das Oktoberfest gegangen.

Das war echt toll. So ein großes Volksfest habe ich noch nicht erlebt!

Ja, ich auch nicht. Aber es war sehr voll. Das hat mir nicht so gefallen. Am Samstag waren wir im Englischen Garten und in einem Museum und – nach Pierres Unfall – im Krankenhaus!

— **Die Fahrt nach München war**
  ☐ spannend. ☐ langweilig.
— **Iwona und Pierre sind**
  ☐ am Vormittag
  ☐ am Nachmittag
  auf das Oktoberfest gegangen.

Dialogue vocabulary

◎ 142

etwas
a bit, somewhat

langweilig
boring

die **Stadt-rundfahrt,** -en
the sightseeing tour

Das hat mir sehr gefallen.
I liked that very much.

das **Volksfest,** -e
the fair

erleben
to experience

spannend
fascinating, exciting

ich auch nicht
neither have I

Adverbs of degree

⊙ 144

gar nicht, überhaupt nicht
not at all

Wie krank bist du?
How ill are you?

nicht so (sehr)
not that much

ein bisschen
a bit

etwas
somewhat

ziemlich
quite, rather

sehr
very

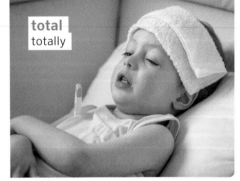

total
totally

Temporal adverbs of frequency

◉ 145

Wie oft treiben Sie Sport?
How often do you exercise?

nie
never

selten
rarely

manchmal, ab und zu
sometimes

oft, häufig
often

immer
always

Temporal adverbs of sequence

◉ 146

zuerst
(at) first

dann, danach
then

zuletzt, zum Schluss
finally

1 Which word does not belong here? Cross out the wrong one.

a Nase, Bauch, Kopf, ~~Halsweh~~, Rücken

b Bahnhof, Gleis, Bahnsteig, Fahrkarte, Baustelle

c Kopfweh, Grippe, Gesundheit, Verletzung, Allergie

d Zug, Sitzplatz, Flugzeug, Auto, Straßenbahn

e Bratwurst, Riesenrad, Karussell, Fahrgeschäft, Achterbahn

f eisig, wenig, sonnig, neblig, windig

2 Connect the opposites.

1 eintönig*	a gut
2 voll	b interessant
3 offen	c leer
4 schlimm	d häufig
5 selten	e angenehm
6 unangenehm	f spannend
7 langweilig	g geschlossen

* eintönig – *monotonous*

3 What's the German word?

a *langweilig*
boring

b
Oh dear!

c
to happen

d
to experience

e
to tell

f
rarely

g
exciting

h
then

i
the fair

j
finally

Adjectives (II)

Adjectives in front of a noun with an indefinite article are declined as follows:

This declination also applies to adjectives with the negative indefinite article **kein** and the possessive articles **mein, dein** …

For the declination of adjectives in front of a noun with a definite article see p. 238.

Wir sehen einen schnellen Mann (Akk.).
We see a fast man.

Eine reiche Frau (Nom.) **winkt uns.**
A rich woman waves to us.

Einem starken Kind (Dat.) **musst du nicht helfen.**
You don't have to help a strong child.

Starke Kinder (Nom.) **helfen schwachen Männern** (Dat.).
Strong children are helping weak men.

e.g. **gut** (*good*) after an indefinite article

CASE	MASCULINE SINGULAR	FEMININE SINGULAR	NEUTER SINGULAR	PLURAL
Nom.	ein gut**er**	eine gut**e**	ein gut**es**	gut**e**
Akk.	einen gut**en**	eine gut**e**	ein gut**es**	gut**e**
Dat.	einem gut**en**	einer gut**en**	einem gut**en**	gut**en**

Temporal subordinate clauses with *wenn* and *als*

Both conjunctions are translated into English as "when". They are used when specifying a certain point in time.

I slept a lot, ...   *... when I was ill.*

Als is used for singular events (or periods) which occurred in the past and are already over.

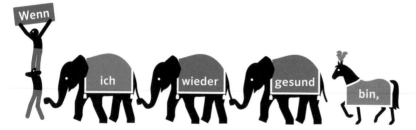

When I'm better ...   *... I'll get up.*

Wenn refers to singular events in the present or future, or to events that keep repeating (in the past, present or future).

4 🏃

Fill in the correct adjective endings.

Jens und Martina sind am Wochenende nach Prag gefahren. Nach einer (a) eintönig.*en*. Fahrt im Stau sind sie in dieser (b) fantastisch........ Stadt angekommen. Prag hat eine (c) schön........ , (d) alt........ Innenstadt mit einem (e) groß........ , (f) lang........ Fluss, der Moldau, und einer (g) spannend........ Burg. Martina hat in einem (h) toll........ , aber (i) voll...... Laden eine (j) selten........ Antiquität* gekauft. Jens war nicht sehr glücklich. „So eine (k) teur........ Figur!", hat er gesagt. „So etwas brauchen wir nicht!

Mensch, Martina, das passiert immer im Urlaub!" Martina war sauer. Aber danach sind sie in ein (l) interessant........ Museum und eine (m) schön........ Kirche gegangen und haben zum Schluss noch eine (n) informativ**........ Stadtrundfahrt gemacht. Auf der Rückfahrt bei Regen haben sie einen (o) schlimm........ Unfall gesehen.

* die Antiquität, -en – *the antique*
** informativ – *informative*

---

5   ⊚ 147

Listen to the account of Martina's and Jens' journey. What did they like (☺) and and dislike (☹)? Write the names on the appropriate line.

		☺	☹
a	Prag	*Martina, Jens*	
b	die Fahrt		
c	die Innenstadt		
d	die Kirchen		
e	die Burg		
f	die Läden		
g	der Urlaub		

6

Match the parts
of the sentences
so that they make
sense.

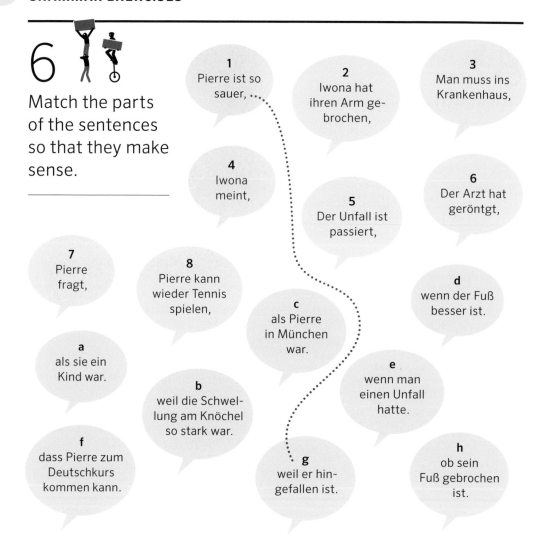

1
Pierre ist so
sauer, ...

2
Iwona hat
ihren Arm ge-
brochen,

3
Man muss ins
Krankenhaus,

4
Iwona
meint,

5
Der Unfall ist
passiert,

6
Der Arzt hat
geröntgt,

7
Pierre
fragt,

8
Pierre kann
wieder Tennis
spielen,

c
als Pierre
in München
war.

d
wenn der Fuß
besser ist.

a
als sie ein
Kind war.

b
weil die Schwel-
lung am Knöchel
so stark war.

e
wenn man
einen Unfall
hatte.

f
dass Pierre zum
Deutschkurs
kommen kann.

g
weil er hin-
gefallen ist.

h
ob sein
Fuß gebrochen
ist.

7

Complete the
sentences with
wenn or *als*.

a *Als* ich auf dem Oktoberfest war, bin ich Karussell
gefahren.

b Im Sommer stehe ich morgens auf, ... die Sonne
aufgeht.

c .... ich ein Kind war, habe ich immer eine Schokolade
bekommen, ... ich mit meiner Mutter einkaufen
war.

d .... ich auf dem Oktoberfest bin, will ich mit der
Achterbahn fahren.

e Ich muss wieder zum Arzt, ... mein Fieber bleibt.

8

Iwona writes a letter to her friend Anna about her life in Berlin over the last few months. Some words are missing – fill in the gaps.

Liebe Anna,

wie geht es (a) *dir* ? Bei mir (b) .... von April bis Herbst viel passiert. In meinem Deutschkurs (c) .... ich viele tolle Leute kennengelernt. Meine Lehrerin Martina und (d) .... Freund Jens sind gute Freunde von (e) .... An den Wochenenden machen wir spannende Radtouren oder wir gehen (f) .... Museum und am Abend (g) .... Kino oder (h) .... Restaurant. Berlin gefällt (i) .... sehr gut!

Im Oktober war ich mit Pierre in München auf dem Oktober- fest. Pierre (j) .... Franzose, sehr süß, und er lernt auch Deutsch an meiner Sprachenschule. Gemeinsam sind (k) .... nach Bayern (l) .... Pierre ist bald mit (m) .... Studium fertig und beginnt dann einen Job in Hamburg. Dann können wir (n) .... nur noch am Wochenende sehen, aber Hamburg ist ja nicht so weit. Letzte Woche habe ich für meine Firma eine Präsentation gemacht. Meine Chefin war so zufrieden, (o) .... sie mir einen besseren Job vorgeschlagen (p) .... Zu Weihnachten* komme (q) .... dich besuchen, dann muss ich dir noch viel mehr erzählen!

Bis bald und liebe Grüße

Iwona

* Weihnachten – *Christmas*

Final test

1

⊚ 148

Read the questions and listen to David's plans for the summer. Then mark the right answer.

a Wann geht David nach England?
☐ Am 14. Juni.
☐ Am 4. Juli.
☐ Am 14. Juli.

b Wie lange bleibt David in London?
☐ 4 Tage.
☐ 8 Tage.
☐ 14 Tage.

c Wohin fährt David zuletzt?
☐ Nach London.
☐ Nach Oxford.
☐ Nach Brighton.

d Was will David in London nicht sehen?
☐ Den Hyde Park.
☐ Das British Museum.
☐ Madame Tussauds.

e Was macht David dann in Brighton?
☐ Etwas besichtigen.
☐ Einkaufen.
☐ Faulenzen.

⚪ **out of 5 points**

25

2

Read the text and fill in the gaps with the correct word from the box. Make sure to use the appropriate forms (e.g. plural).

immer | Englisch | Jugendherberge | sind | ein Fahrradverleih | für | haben | sich | Stockwerk | Bett | morgens | wir | Doppelzimmer | wollen | Sehenswürdigkeit | sprechen | denn | fragen

Willkommen in unserer (a) .... !

Suchen Sie eine günstige Übernachtung? Dann

(b) .... Sie hier genau richtig! Wir (c) ....

10 Einzelzimmer und 20 (d) ....

Und für Gruppen haben wir auch Zimmer mit 4–10

(e) .... Duschen und WCs finden Sie auf jedem

(f)................................. . (g) .... gibt es

Frühstück und Sie können auch ein kleines Essen

(h) .... den Tag mitnehmen. (i) .... haben auch

verschiedene Sportangebote: einen Fußballplatz, Tisch-

tennisplatten*, (j) ....

(k) ....Sie die Stadt besichtigen? Unser Team

hilft Ihnen (l) .... gerne: (m) ....

Sie nach dem Weg, nach (n) .... ,

nach Verkehrsmitteln.

Sie sprechen nicht Deutsch? Das ist kein Problem,

(o) .... mit uns können Sie (p) .... ,

Französisch, Spanisch und Italienisch (q) ....!

Wir freuen (r) .... auf Ihren Besuch!

* die Tischtennisplatte, -n – *the table tennis table*

out of 18 points

3

◉ 149

Listen to the short dialogues on the CD and find the matching situations.

a Beim Arzt:
....

d Auf dem Oktober-
fest: ....

b Auf dem Bahnhof:
....

e Auf der Straße:
....

c Im Hotel:
....

out of 5 points

4

Read the text from exercise 2 again. Are these claims right or wrong?

	right	wrong
a Übernachten in der Jugendherberge ist teuer.	☐	☐
b In der Jugendherberge gibt es mehr als 30 Zimmer.	☐	☐
c Es gibt auch Zimmer für 10 Personen.	☐	☐
d In jedem Zimmer gibt es eine Dusche.	☐	☐
e Es gibt auch Abendessen in der Jugendherberge.	☐	☐
f Es gibt einen Sportplatz und ein Schwimmbad.	☐	☐
g Das Team hilft gerne bei Fragen.	☐	☐
h Die Leute dort sprechen auch Spanisch.	☐	☐

out of 8 points

5

Turn the questions into subordinate clauses.

a Was hast du in Prag besichtigt?

Erzähl doch mal, ...

....

b Wo ist das Hotel „Seeblick"?

Können Sie mir bitte sagen, ...

.... ?

c Wie haben Sie sich verletzt?

Sagen Sie mir bitte, ...

....

d Wer hat dir geschrieben?

Weißt du, ...

.... ?

e Wann warst du im Urlaub?

Ich möchte gern wissen, ...

....

f Warum hast du das gemacht?

Kannst du mir sagen, ...

.... ?

g Wann wollen wir uns treffen?

Schreib mir eine SMS, ...

....

out of 7 points

6

Fill in the gaps with the missing prepositions and articles. NB: not all of the words in the box are used!

beim | zur | bei | nach | zu | mit dem | nach | seit dem | mit | aus | mit der

a Ich bin .... England.

b Ich fahre morgen .... Berlin.

c Können Sie mir sagen, wie ich ....
Frauenkirche komme?

d Wie fahren wir .... München?
.... Auto oder .... Bahn?

e .... Unfall habe ich oft Kopfweh.

f Das Hotel ist direkt .... Bahnhof.

out of 8 points

7

Insert the missing adjectives. Pay attention to the endings and use comparative/ superlative forms where necessary.

a Jens kann kochen, aber er ist kein
.... (gut) Koch. Martina ist
die .... (gut) Köchin.

b Pierre fährt mit dem ICE nach Hamburg. Der ICE ist der ....
(schnell) Zug in Deutschland.

c Stell die .... (klein) Teller doch
bitte in das .... (rot) Regal.

d Martina ist eine .... (toll)
Lehrerin!

out of 6 points

You achieved

○

out of
57 points.

SCORE and ASSESSMENT

48–57
★★★★
Sehr gut!
Very good!
Keep it up!

36–47
★★★ **Gut!**
Good! You're on
the right track.

25–35
★★ **In Ordnung.**
OK. You've already
accomplished
a lot. Repeat
the exercises
which you found
difficult. Then full
marks should be
possible!

Less than 25
★ **Das können Sie
noch besser.**
You can do better.
Review the lessons
where you had difficulties. Don't just
correct your exercises
but try to understand
why the solution is
correct.

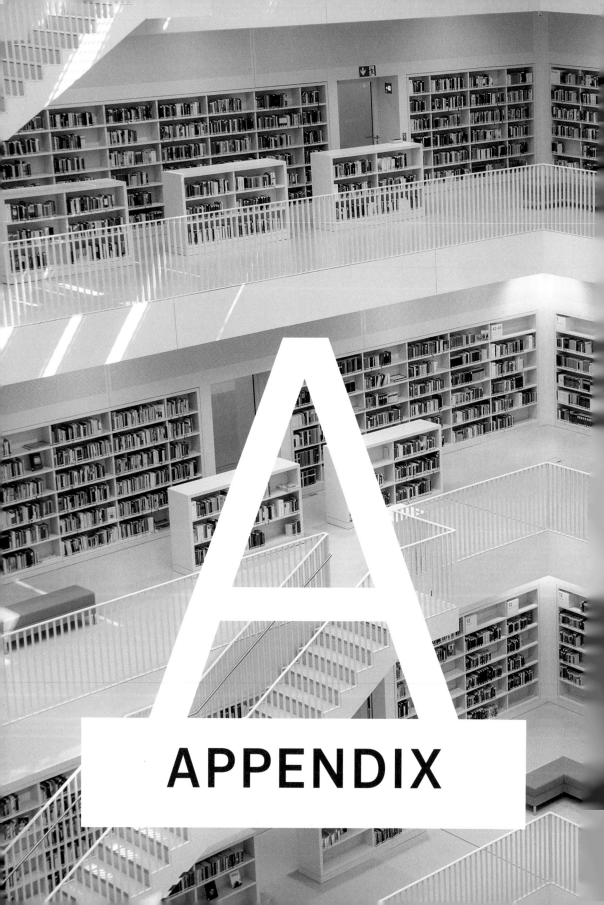

A
APPENDIX

In the appendix you will find

the solutions to the exercises →

tips about the grammar and the pronunciation →

a vocabulary containing all words from this course →

SOLUTIONS

1

GREETINGS

Fragen zum Dialog
Teil 1: Martina. — German.
Teil 2: 29. — Susan — France.

1

a vielen Dank
b Guten Abend!
c Tschüs!
d einfach
e dort
f Polen

2

a vier   b zwei   c elf
d drei   e zwölf   f sieben
g acht   h zwanzig
additional number: vierzehn

		a	v	i	e	r		
b	z	w	e	i				
		c	e	l	f			
	d	d	r	e	i			
		e	z	w	ö	l	f	
f	s	i	e	b	e	n		
		g	a	c	h	t		
h	z	w	a	n	z	i	g	

3

a sagen
b benutzen
c genau
d mein Name ist …
   (*or* ich heiße …)
e kommen
f der Name
g (Herzlich) Wilkommen!
h der Lerner
i Australien
j der Vorname

4

a Mein Name ist Pierre.
b Ich komme aus Australien.
c Yoko ist 21 Jahre alt.

d Susan kommt aus England
   und ist 23.
e Ich bin 30 Jahre alt und
   komme aus Polen.

5

a Du   b heißt, Sie
c Ich   d kommt, Er
e komme

6

er: beginnt, ich: beginne,
du: beginnst, sie: beginnt,
es: beginnt

7

a komme, heiße, benutze,
   beginne
b beginnt, heißt, sagt
c Du sagst, kommst, heißt

8

a ich bin   b du bist
c er/sie/es ist   d wir sind
e ihr seid   f sie sind
g Sie sind

9

a sie   b sie   c er   d Er
e Sie   f Sie   g du

10

a ist   b kommt
c ist   d sagt
e heißt   f ist
g macht   h ist
i ist   j ist
k kommt

11

a 30 – 13 = 17 dreißig minus
   dreizehn ist siebzehn
b 4 + 7 = 11 vier plus sieben ist
   elf
c 19 + 6 = 25 neunzehn plus
   sechs ist fünfundzwanzig
d 22 – 8 = 14 zweiundzwanzig
   minus acht ist vierzehn
e 2 + 14 = 16 zwei plus vierzehn
   ist sechzehn
f 26 – 11 = 15 sechsundzwanzig
   minus elf ist fünfzehn

g 5 + 3 = 8 fünf plus drei ist
   acht
h 17 – 4 = 13 siebzehn minus
   vier ist dreizehn
i 26 + 1 = 27 sechsundzwanzig
   plus eins ist siebenund-
   zwanzig
j 18 + 2 = 20 achtzehn plus
   zwei ist zwanzig

2

INTRODUCTIONS
AND SMALL TALK

Fragen zum Dialog
Teil 1: wrong — right.
Teil 2: wrong — right — wrong

1

1 Hallo! Mein Name ist Iwona.
   Wie heißt du?
2 Ich heiße Claudia. Woher
   kommst du?
3 Ich komme aus Rzeszów.
4 Ist das in Polen?
5 Ja, Rzeszów liegt in der Nähe
   von Krakau. Bist du aus
   Deutschland?
6 Ja, ich bin aus Potsdam. Das
   ist in der Nähe von Berlin.
7 Ich kenne Berlin. Ich arbeite
   dort. Arbeitest du auch?
8 Nein, ich studiere noch.

2

a Es geht.   b Freut mich!
c Viel Spaß!   d Bis später!
e Hallo!

3

a die Firma
b arbeiten
c sich treffen
d der Freund
e gleich
f der Monat
g Maschinenbau
h nein
i hineingehen
j neu

4

wir: kommen, ihr: kommt,
sie: kommen (*pl*), kommt (*sg*),
Sie: kommen (*sg + pl*)

5

der:
Platz, die Plätze
Deutschkurs, die Deutschkurse
Name, die Namen
Unterricht (*no plural*)
Lerner, die Lerner
Monat, die Monate
Job, die Jobs
Freund, die Freunde
die:
Freundin, die Freundinnen
Woche, die Wochen
Firma, die Firmen
Stunde, die Stunden
das:
Land, die Länder
Praktikum, die Praktika

6

1 a **2** c **3** f **4** e **5** b **6** d

7

a kommt **b** arbeiten
c kommen **d** arbeiten
e arbeitet **f** kommen

8

1 *Hallo Jens, wie geht's?*
Danke gut.
2 *Woher kommst du?*
Aus Jena.
3 *Wo ist das?*
Jena ist in Thüringen.
4 *Und was machst du?*
Ich arbeite in einer Firma
für Druckmaschinen.

9

a geht **b** bin/arbeite
c mache **d** ist
e habe **f** heißt
g kommt **h** ist
i kenne **j** machst
k Arbeitest/Bist

10

a *Woher kommst du?* e.g. Ich
komme aus England.
b *Wie geht es dir?*
e.g. Mir geht es gut.
c *Wo ist das?* e.g. Das ist in der
Nähe von Barcelona.
d *Was machst du?* e.g. Ich
studiere. / Ich arbeite in einer
Firma.
e *Kommst du aus Deutschland?* e.g. Nein, ich komme
aus Polen.

f *Bist du schon lange in
Deutschland?* e.g. Nein, erst
seit zwei Wochen.
g *Arbeitest du hier?* e.g. Ja, ich
arbeite in einer Firma. /
Nein, ich studiere hier.

3

FAMILY AND RELATIONSHIPS

Fragen zum Dialog
Teil 1: wrong — right
Teil 2: wrong — right — wrong

1

a die Lehrerin
b der Student
c die Europäerin
d die Kellnerin
e der Japaner
f die Freundin

2

a Onkel
b Rechtsanwalt
c Monat
d Deutschland
e Guten Abend
f Eltern

Remaining: **Auf Wiedersehen**
*(You use it to say goodbye, the
others are to say hello.)*

3

a die Familie
b süß
c glücklich
d der Kindergarten
e klein
f sprechen
g die Geschwister
h mögen
i der Tisch
j der Nachbar

4

a zwei **b** keinen
c keine **d** einen
e eine **f** drei

5

a meinen **b** deinen
c einen **d** keine
e deine **f** Meine

g dein **h** mein
i Mein **j** meinen

6

a hast **b** habe **c** Hat
d hat **e** Haben **f** Habt
g haben **h** haben

7

a Unsere **b** Mein
c Ihre **d** Ihr
e Eure **f** Ihr

8

a Das ist nicht schwer.
b Martina hat keine Schwester.
c Robert mag das nicht.
d Das ist kein englisches Verb.
e Iwonas Mutter arbeitet nicht.
f Iwona hat keinen Sohn.

9

a Deutschlehrer
b einem Jahr
c England
d Freundin

10

a wrong **b** wrong
c right **d** wrong
e right **f** wrong

11

Possible solution
Hallo, mein Name ist …
Ich komme aus … Das liegt in …
Ich bin … Jahre alt.
Ich studiere / arbeite in …
Ich habe … Schwester / Bruder.
Sie heißt / heißen …
Mein Vater ist … von Beruf.
Meine Mutter arbeitet in …

4

LANGUAGE CAN BE TRICKY

Fragen zum Dialog
Teil 1: video projector. — some
Teil 2: similar — something
completely different

1

a Entschuldigung (die)
b Wurzel (die)
c Sauerkraut (das)

d Muttersprache (die)
e falsch
f ähnlich

2

| **1** d | **2** c | **3** b |
| **4** f | **5** a | **6** e |

3

a die Präsentation
b die Wurzel
c die Chips
d holen
e gemeinsam
f der Kollege
g falsch
h der Film
i Stimmt!
j seltsam

4

Listening text
1 Entschuldigung, ich verstehe das nicht.
2 Kannst du das wiederholen?
3 Heißt es der Laptop oder das Laptop?
4 Garten und *garden* sind sehr ähnlich.
5 Dieses Wort kenne ich nicht.
6 Leider gibt es einige falsche Freunde.

Remaining: Das ist etwas ganz anderes.

5

a einen
b Der, einen
c ein
d ./. (Nullartikel)
e einen, Der, eine, Die

6

a Kannst du den Mann sehen?
b Ich muss Deutsch lernen.
c Wo arbeitest du?
d Wir müssen sehr viel lernen.
e Sie können diese Wörter nicht verstehen.

7

a Er muss den Satz wiederholen.
He has to repeat the sentence.
b Kannst du (bitte) den Beamer holen (, bitte)?
Can you get the video projector please?

c Musst du viel arbeiten?
Do you have to work a lot?
d Iwona muss diese Wörter nachschauen.
Iwona has to look up these words.
e Wir können unseren Sohn oft besuchen.
We can visit our son often.
f Ich verstehe das nicht.
I don't understand that.
g Können Sie das bitte wiederholen?
Can (Could) you repeat that please?

8

a ich kann	**b** Sie können
c es kann	**d** ihr könnt
e sie (*pl*) können	**f** du kannst
g wir können	**h** sie (*sg*) kann

9

a Kannst du den Beamer holen?
b Muss sie das nachschlagen?
c Passiert so etwas oft?
d Ich kann das wiederholen.
e Du musst das nachschlagen.
f Ich kann dich nicht verstehen.

10

a Du musst schwer arbeiten. Musst du schwer arbeiten?
b Wir müssen die Wörter lernen. Müssen wir die Wörter lernen?
c Ihr müsst Hausaufgaben machen. Müsst ihr Hausaufgaben machen?
d Sie müssen die Stunde wiederholen. Müssen Sie die Stunde wiederholen?
e Marion und Jens müssen die Woche planen. Müssen Marion und Jens die Woche planen?

IT

INTERMEDIATE TEST 1

1

a die Architektin
b die Präsentation
c der Garten

d die Zeit
e der Monat
f das Restaurant
g die Woche
h der Film

2

a 12 Jahre alt.
b 3 Schwestern.
c 6 Geschwister.
d 2 Kinder.
e 5 Kinder.

3

| 1 right | 2 right | 3 wrong |
| 4 wrong | 5 wrong | |

4

a Woher
b Wo
c Wie
d Wie
e Wo
f Wie

5

Listening text
1 **Monika Maier**, guten Tag. Ich bin Rechtsanwältin. Meine Telefonnummer ist 07623 – **862274**.
2 Mein Name ist **Martin Schneider**. Ich arbeite in Hamburg. Ich bin **Architekt**.
3 Hallo. Ich bin **Claudia**. Ich bin Deutschlehrerin und ich arbeite in **Berlin**.

6

a Woher kommen Sie?
b Kannst du das (bitte) wiederholen?
c Holst du (bitte) den Beamer?
d Wo arbeiten Sie?

7

a Länder	**b** Stunde
c Firma	**d** Familien
e Lehrer	**f** Sohn
g Schwestern	**h** Mütter
i Haus	**j** Restaurants

8

a Sie muss den Laptop holen.
b Ich kann über meine Familie sprechen.
c Ihr müsst den Satz wiederholen.
d Müssen Sie sehr viel arbeiten?

5

SHOPPING

Fragen zum Dialog ....
Teil 1: falsch — falsch — falsch
Teil 2: falsch — richtig

1
a Zucchini   b Fleisch
c Tüte   d kaufen
e Milch   f Pfirsich

2
1 b   2 c   3 d   4 a

3
a die Tomate   b kaufen
c die Tüte   d kochen
e das Obst   f warten
g das Gemüse   h das Essen
i die Milch   j rot

4
a Gib Papa den Apfel!
b Herr Huber, holen Sie (bitte) den Laptop (, bitte)!
c Geben Sie Frau Müller drei Kilo Kartoffeln!
d Peter und Lisa, (bitte) besucht jetzt eure Tante (, bitte)!

5
a 80 Cent pro Kilo
b 1,50 Euro pro Kilo
c 1,99 Euro pro Packung
d 3 Euro pro Flasche

6
a studiert!, wiederholt!, benutzt!
b besuchen Sie!, warten Sie!, kaufen Sie!
c gib!, frag!, schlag ... nach!

7
2nd person singular (du): sag, beginn, mach, lern, frag, plan, wiederhol
2nd person singular (ihr): sagt, beginnt, macht, lernt, fragt, plant, wiederholt
formal address (Sie): sagen Sie, beginnen Sie, machen Sie, lernen Sie, fragen Sie, planen Sie, wiederholen Sie

8
a 5 Tomaten
b 1 Zucchini
c 1 Kilo Kartoffeln
d 4 Bananen
e 0,5 kg Äpfel
f 400 g Schinken
g 2 Flaschen Wein
h 1 Karton Milch

9
a dem   b Ein
c einen   d dem
e einen   f ein
g eine   h ./. (Nullartikel)
i ./.   j eine
k der

10
a Gib Papa
b Kaufen Sie
c Gebt Mama
d Geben Sie mir
e Wiederhol
f Macht
g Fragt

11
Obst: Apfel, Birne
Gemüse: Kartoffel, Gurke, Möhre/Karotte, Zwiebel
Fleisch/Fisch: Hähnchen, Fleisch, Fisch, Wurst, Schinken
Milchprodukte: Sahne, Butter, Käse
Andere: Nuss, Müsli, Ei, Brot, Marmelade, Brötchen

6

IN A RESTAURANT

Fragen zum Dialog ....
Teil 1: Apfelkuchen — etwas Schlagsahne.
Teil 2: sehr lecker. — heute

1
Begin your sentences with „Ich hätte gerne ..." or „Ich möchte ...". Just be careful to use the correct masculine accusative form „einen Salat".

2
a Apfelkuchen
b Tomatensuppe

c Milchkaffee
d Zwiebelkuchen, Zwiebelsuppe
e Nudelsalat, Nudelsuppe
f Kartoffelsuppe

3
a der Supermarkt b die Tasse
c die Torte   d der Kellner
e lecker   f geben
g probieren   h bringen
i der Kuchen   j das Trinkgeld

4
Martina: Wasser, Fisch mit Kartoffeln
Jens: Bier, Schnitzel mit Pommes, die Rechnung

5
a euch, Uns   b dir, mir
c Ihnen, mir

6
a jetzt
b später
c gestern/vorgestern
d vorgestern/gestern
e übermorgen
f heute

7
a Er, ihr   b Sie, ihr
c Sie, ihm   d Er, ihm
e Er, ihnen   f du, uns

8
a ihr   b Sie   c ihn
d ihm   e Er   f sie

9
a dreihundertsiebenundfünfzig
b achthundertzwölf
c tausendeins / eintausendeins
d zweitausendachtzehn
e viertausenddreihundertzwanzig
f neuntausendneunhundertneunundneunzig

10
a mir   b ihr   c Ihnen
d mich   e ich   f sie
g Sie   h dir   i er
j dir   k sie   l mir
m sie

7

LEISURE TIME IN A CITY

Fragen zum Dialog ....
Teil 1: nein — Iwona
Teil 2: in ein Museum — Pierre

1 ....

a weitermachen
b hineingehen
c nachschlagen
d ankommen
e einkaufen
f zumachen

2 ....

1 d   2 e   3 a
4 c   5 b

3 ....

a sehen
b durch
c finden
d die Mauer
e das Wetter
f offen
g die Stadt
h das Museum
i einkaufen, shoppen
j der Abend

4 ....

a ist größer.
b geht lieber in ein Museum.
c ist besser.
d geht lieber ins Theater.
e ist interessanter.
f ist toller.

5 ....

a Ich hätte gerne eine normale Eintrittskarte und zwei für Studenten.
b Ich gehe lieber einkaufen als ins Theater.
c Um wie viel Uhr macht das Museum zu?
d Gibt es eine Studenten-ermäßigung?
e Ich möchte lieber eine Stadtrundfahrt machen.
f Ich faulenze lieber.
g Was kostet eine normale Eintrittskarte?

6 ....

a Wann gehen wir ins Museum?
b Wir gehen morgen ins Museum.
c Um wie viel Uhr macht der Supermarkt zu?
d Er macht um 20 Uhr zu.
e Wann gehen wir ins Kino?
f Wir gehen am Abend ins Kino.

7 ....

a -er, am
b -er, glücklichsten
c -er als, am langsamsten
d -er als, am süßesten
e als, sind am interessantesten

8 ....

1 Wir treffen uns um *halb 4 (15.30)*.
2 Das Museum schließt um *18.30 Uhr*.
3 Es ist *Viertel nach 11 (11.15)*.
4 Mein Deutschkurs beginnt um *2 (14.00)*.
5 Martina wartet seit *Viertel vor 9 (8.45)*.
6 Es ist *9.45 Uhr*.
7 Um *19.15 Uhr* gehe ich auf den Fernsehturm.

9 ....

a machen die Museen
b gehen wir
c Ich möchte ... fahren
d habe ich Zeit für dich., Ich habe heute Zeit für dich.

10 ....

a Es ist viertel nach neun., Es ist einundzwanzig Uhr fünfzehn.
b Es ist halb sechs., Es ist siebzehn Uhr dreißig.
c Es ist zehn Uhr fünfund-vierzig., Es ist viertel vor elf.

8

SPORT AND HOBBIES

Fragen zum Dialog ....
Teil 1 : richtig — richtig
Teil 2: falsch — falsch— falsch

1 ....

a Um halb acht muss Jens aufstehen.
b Um acht (acht Uhr) muss er in die Arbeit fahren.
c Um halb eins will er zu Mittag essen.
d Um Viertel nach sechs kommt er nach Hause.

2 ....

a ich stehe   b ihr duscht
c wir suchen   d ihr geht in die Arbeit

3 ....

a das Problem
b der Sport
c die Straße
d frühstücken
e das Stadtzentrum
f aufstehen
g ein Stück
h die Radtour
i spielen
j duschen

4 ....

a Jens steht um 6.30 Uhr auf.
b Er duscht und putzt die Zähne.
c Er isst ein Brötchen mit Käse und ein Brötchen mit Marmelade.
d Er trinkt zwei Tassen Kaffee.
e Jens fährt um 7.30 Uhr in die Arbeit (*or:* Um 7.30 Uhr fährt Jens in die Arbeit)
f Er isst ein Hähnchen mit Reis und Salat.
g Er kommt um 18 Uhr nach Hause. (*or:* Um 18 Uhr kommt er nach Hause.)
h Jens trinkt am Abend Tee. (*or:* Am Abend trinkt Jens Tee.)
i Um 23 Uhr geht er ins Bett. (*or:* Jens geht um 23 Uhr ins Bett.)

5 ....

a right   b wrong
c wrong   d wrong
e wrong   f right

6 ....

a Sie **fährt** durch die Stadt **hin**. Sie muss durch die Stadt **hin-fahren**.

b Sie **leiht** ein Fahrrad **aus**. Sie möchte ein Fahrrad **ausleihen**.

c Sie **nehmen** Iwona **mit**. Sie möchten sie **mitnehmen**.

7

a Du solltest mehr Sport machen

b Du könntest im Tiergarten laufen.

c Du solltest im Internet suchen.

d Du solltest nach einem Sportverein suchen.

e Du könntest auf dem Markt Obst kaufen.

f Du könntest Weintrauben mitbringen.

g Du solltest nicht so viel Torte essen.

h Du solltest keinen Kaffee trinken.

8

a ausleihen

b mitnehmen

c einkaufen

d hinfahren

e fernsehen

9

a kann sie ein Fahrrad ausleihen.

b wollen sie auf eine Radtour mitnehmen.

c wollen an den Wannsee außerhalb von Berlin fahren.

d können sie auch schwimmen.

e muss Iwona im Supermarkt einkaufen.

f will sie auf eine Party gehen.

g muss sie mit der U-Bahn hinfahren.

h will noch fernsehen.

i möchte sie ins Bett gehen und schlafen.

9

FORMING NEW FRIENDSHIPS

Fragen zum Dialog ....

Teil 1: Jens — in der Küche

Teil 2: Kathrins Freund — in Potsdam

1

1b: einkaufen

2f: aufhängen

3d: ausleihen

4e: sich vorstellen

5a: hereinkommen

6c: (sich) kennenlernen

2

a Freut mich sehr, Sie kennenzulernen.

b Ich wünsche dir alles Gute zum Geburtstag.

c Ich möchte euch kurz vorstellen.

d Herzlich willkommen in unserer Wohnung.

e Das ist mein Kollege Paul.

3

a klingeln

b reden

c kennenlernen

d hereinkommen

e die Küche

f kurz

g die Wohnung

h die Jacke

i das Geschenk

j aufhängen

4

a im	**b** der
c im	**d** an
e in der	**f** in
g in der	**h** im
i auf dem	**j** in
k in	

5

Andreas: Toilette

Jens: Flur

Kathrin: Flur

Martina: Wohnzimmer

Pierre: Bad

6

a 3   **b** 5   **c** 4   **e** 1   **f** 2

7

a Iwona joggt heute im Tiergarten. Heute joggt Iwona im Tiergarten.

b Sie leiht morgen in der Stadt ein Rad aus. Morgen leiht sie in der Stadt ein Rad aus. (*in both sentences also correct: … ein Rad in der Stadt aus.*)

c Pierre kauft heute auf dem Markt ein. Heute kauft Pierre auf dem Markt ein.

d Er isst später im Café eine Schokoladentorte. Später isst er im Café eine Schokoladentorte. (*in both sentences also correct: … eine Schokoladentorte im Café.*)

e Sie treffen sich später in einem Nachtclub mit Yoko und Brian. Später treffen sie sich mit Yoko und Brian in einem Nachtclub. Mit Yoko und Brian treffen sie sich später in einem Nachtclub.

8

die Geburtstagsparty, das Stadtzentrum, das Kinderzimmer, der Dachboden, der Supermarkt

9

a im	**b** über
c unter	**d** vor
e zwischen	**f** auf
g neben	**h** hinter

10

HOME AND CHORES

Fragen zum Dialog ....

Teil 1: im Wohnzimmer auf. — dreckige

Teil 2: spült gerne ab. — Pierre — nicht teuer.

1

a Abspülen ist in Ordnung.

b Was ist los?

c Stell das dreckige Geschirr in den Geschirrspüler.

d Das macht nichts.

e Was soll ich machen?

f Das tut mir leid!

g Kehren mag ich nicht.

2

a helfen	**b** aussuchen
c das Geschirr	**d** das Regal
e kehren	**f** sauber
g tragen	**h** der Müll
i der Spaß	**j** der Geschirrspüler

3

a stellt, die
b setzt, die
c legt, den
d hängt, den
e stellt, die
f stellt/legt, das

4

a stehen   **b** legen
c stellst   **d** Leg
e sitzen   **f** liegt
g Setz   **h** Stell
i liegt

5

a waren   **b** warst
c war   **d** war
e waren   **f** war
g Waren   **h** War
i Wart

6

a hatten   **b** hatte
c hattest   **d** hatte
e hatten   **f** hatte
g hatte   **h** Hattet
i Hatten

7

a dem Regal
b das Sofa
c dem Stuhl
d dem Tisch
e den Schrank
f der Kommode
g der Lampe
h dem Teller

8

a In der Arbeit.
b sehr interessant.
c Freizeit.
d Morgen.
e Um 20 Uhr.
f Schlafen.

9

a vor die Tür.
b auf dem Tisch.
c hinter den Pfirsichen.
d zwischen dem Messer und der Gabel.
e an den Tisch.
f im (!) Schrank.
g neben seinen Schwestern.
h auf das Sofa.
i ins (!) Regal.

11

INFORMATION AND ENTERTAINMENT

Fragen zum Dialog
Teil 1: richtig — falsch
Teil 2: richtig — richtig

1

a Tagesschau
b 20.15 (freitags 22.00)
c 21.45
d Nachrichten

2

a Fernsehen
b aufstehen
c Gurke
d Zimmer
e Saft
f Müll mitnehmen

3

a der Rotwein
b das Fernsehen
c übrig
d weiß
e die Komödie
f trinken
g Moment!
h fantastisch
i essen
j rosa

4

a Yoko durfte nicht oft fernsehen.
b Die Kinder wollten am liebsten Actionfilme sehen.
c Ich sollte früh ins Bett gehen.
d Jens musste oft die Zähne putzen.
e Mussten Sie als Kind manchmal abspülen?
f Konntet ihr gestern Abend noch aufräumen?

5

a durften   **b** konnten
c war   **d** wollten
e durften   **f** mussten
g wollte   **h** waren
i durfte   **j** war

6

1 e   **2** c   **3** f   **4** a
5 b   **6** g   **7** d

7

ich: durfte, musste, konnte, wollte
du: musstest
er/sie/es: durfte, musste, konnte, wollte
wir: konnten, wollten, sollten
ihr: solltet
sie (Pl): konnten, wollten, sollten
Sie: konnten, wollten, sollten

8

a Iwona wollte nicht an der Straße joggen.
b Ich sollte etwas im Internet suchen.
c Wir hatten viel Freizeit.
d Ihr konntet alles auf dem Markt kaufen.
e Du musstest den Müll wegbringen.
f Das Museum war interessant.

9

a Martina   **b** Thriller
c Fernsehen   **d** Nein
e Martina   **f** Gut

10

Listening text
1 Hast du Lust auf einen Film? *Nein, ich will lieber lesen.*
2 Wo spielt der Tatort? *Heute spielt er in Hamburg.*
3 Um wie viel Uhr kommen die Nachrichten? *Um 19 Uhr*
4 Was kommt heute Abend im Fernsehen? *Heute Abend gibt es einen Actionfilm.*

INTERMEDIATE TEST 2

1

a will   **b** waren
c hat   **d** mussten
e hast   **f** darfst

2

a einem	b ihnen	
c möchten	d Apfelschorle	
e Kartoffeln	f Glas	
g lecker	h Spaziergang	
i kauft	j Ermäßigung	
k interessanter	l muss	
m Wurst	n nach Hause	
o aufräumen	p Tschüs	

3

a ihm b es c ihr d er e ihn

4

a zwischen, dem
b neben dem
c hinter dem *or* über dem
d vor dem
e auf dem

5

a ein Freund von Martina /
  Martinas Freund
b im Kindergarten
c neben Martinas Eltern
d in Hamburg
e gern ins Kino (oder reden
  lang)
f eine Radtour (oder gehen
  schwimmen)
g gern Fußball. / am liebsten
  Fußball. / einmal in der
  Woche Fußball
h sieht Klaus fern und (er) geht
  früh ins Bett

6

1 b
2 d
3 h: Die Rechnung bitte!
4 f
5 g
6 c
7 a
8 e

12

PLAN A JOURNEY

Fragen zum Dialog ....
Teil 1: falsch – richtig
Teil 2: falsch – richtig

1

a Sommer b Herbst
c Frühling d Winter

2

W	S	A	P	R	I	L	S	E	Q
O	R	U	T	F	J	U	L	I	H
K	A	G	F	U	A	E	S	A	M
T	D	U	E	R	N	S	E	C	I
O	K	S	B	S	U	T	P	M	J
B	E	T	R	C	A	I	T	R	U
E	A	N	U	G	R	S	E	K	N
R	U	M	A	M	O	S	M	A	I
T	U	Ä	R	B	U	R	B	A	R
D	C	R	T	N	Ö	Z	E	Ü	D
D	E	Z	E	M	B	E	R	K	V

Missing: November

3

a die Idee b der Feiertag
c entscheiden d der Notfall
e günstig f lang
g nach h ansehen
i übernachten j der Dom

4

1 c 2 b 3 a

5

Listening text
1 1. Januar 2 14. Februar
3 4. März 4 28. April
5 12. Mai 6 8. Juni
7 17. Juli 8 21. August
9 11. September
10 3. Oktober
11 9. November
12 24. Dezember

6

a Im b um c Am
d im e Am, um f Am, am

7

a um b am c um
d um e im f um
g um h Am i Am
j um k in der l am
m um

8

a denn b aber c und
d oder e und f aber
g denn

9

Listening text
1 Und wann gehen wir dann ins
  Theater?
  Am Mittwoch, den 3. Juli.

2 Oh, ich dachte, wir gehen am
  6. Juli.
  *Nein, am Samstag wollen wir
  eine Radtour machen.*
3 Ach so, stimmt. Und um wie
  viel Uhr beginnt das Theater?
  Um 19.30 Uhr.
4 Gut. Wie kommen wir zum
  Theater?
  *Am besten nehmen wir
  den Bus.*
5 Gibt es dort denn eine
  Bushaltestelle?
  *Nicht direkt. Wir müssen
  noch 5 Minuten laufen.*

Not used: Im Sommer fahren
wir Fahrrad.

13

MEANS OF
TRANSPORT

Fragen zum Dialog ....
Teil 1: fahren – falsch
Teil 2: zweiten Klasse. –
  in München ankommen.
  – online.

1

a Regional- b Um
c -mittel d Kaffee-

2

Hin- und Rückfahrt
Von: Berlin
Nach: München
Hinfahrt am: 2.10.
Uhrzeit: 14.00, Abfahrt *or*
20:00, Ankunft
Rückfahrt am: 5.10.
Uhrzeit: 15.30, Abfahrt

3

a starten b das Auto
c der Zug d dauern
e abfahren f der Parkplatz
g prüfen h finden
i passen j die zweite
  Klasse

4

a Ich fahre lieber mit dem ICE,
  weil er schneller ist.
b Ich denke, dass die Regional-
  bahn zu langsam ist.

c Iwona und Pierre wollen nach München fahren.

d Pierre sagt, dass ein Flug zu teuer ist.

5 ....

a sie in Deutschland arbeitet.
b er in Berlin studiert.
c er hat Geburtstag.
d sie eine Radtour machen will.
e sie auf das Oktoberfest gehen wollen.
f sie war schon da.
g (die) Flüge zu teuer sind.

6 ....

a 15 Minuten.
b Aus Hamburg.
c Nach Potsdam.
d Der Eurocity (146).
e Auf Gleis 7.
f Nach München.

7 ....

1 h   2 j   3 m   4 d   5 l
6 i   7 f   8 e   9 b   10 a
11 c   12 k   13 g

8 ....

a Gleis 2
b Um 11.39 Uhr
c Nach Bad Kleinen
d Um 12:06, 12:28 und 13:06

9 ....

a dass   b weil
c denn   d weil
e dass   f denn

14

WHERE IS …?
ASK THE WAY

Fragen zum Dialog ....
Teil 1: eine Frau — „München" — 10 Minuten vom Bahnhof
Teil 2: beide — Sie gehen zu Fuß.

1 ....

a Entschuldigen Sie bitte.
b Können Sie mir vielleicht helfen?
c Können Sie mir bitte sagen, wo der Bahnhof ist?

d Wissen Sie, wo die Schiller-straße ist?
e Entschuldigen Sie, ich suche das Theater.

2 ....

a der Weg
b vorbei
c entschuldigen
d der Passant/die Passantin
e über
f geradeaus
g jemand
h endlich
i die Kreuzung
j ganz einfach

3 ....

a Wissen, Sie, wann der Zug nach München abfährt?
b Können Sie mir sagen, wo der Bahnhof ist?
c Wissen Sie, wo das Hotel „München" ist?
d Pierre, bitte frag, wie viel das Zimmer kostet!
e Schreiben Sie bitte, wie die Straße heißt!
f Können Sie mir sagen, woher Sie kommen?

4 ....

a im   b nach   c zum
d bis zur e zur   f nach
g ins   h in die   i in eine

5 ....

1 der Bahnhof   2 das Café
3 die Bank   4 die Post
5 die Kirche

6 ....

a von der   b von der
c aus dem   d vom
e aus dem   f aus der
g vom   h aus dem

7 ....

1 c   2 g   3 h   4 i   5 f
6 d   7 a   8 e   9 b

8 ....

a Ich sage dir, woher Yoko kommt.
b Schreib mir, welcher Kuchen Pierre schmeckt.
c Weißt du, wie viel die Jugendherberge kostet?
d Bitte sag mir, wann der Film beginnt.

e Ich weiß nicht, wie Yoko mit Familiennamen heißt.
f Kannst du mir sagen, welches Deutschbuch Martina benutzt?
g Frag Pierre doch, was er (personal pronoun!) studiert.
h Pierre, bitte schreib auf, wie viele Bananen Iwona kaufen möchte.

15

IN THE HOTEL

Fragen zum Dialog ....
Teil 1: richtig — zwei Zimmer
Teil 2: richtig — richtig — falsch

1 ....

Individual answer

2 ....

a das Doppelzimmer
b die Rezeption
c das Schwimmbad
d das Einzelzimmer
e der Schlüssel
g das Formular / die Anmeldung

3 ....

a einchecken
b der Schlüssel
c verlassen
d ausfüllen
e das Frühstück
f die Buchung
g reservieren
h sich beeilen
i der/die Hotelangestellte
j der Reisepass

4 ....

a (Die Sauna kostet) 5 Euro.
b In der Bar.
c Fahrräder und Filme auf DVD.
d Schwimmbad und Filme.

5 ....

a uns   b sich, mich
c dich   d sich   e euch

6 ....

Anreise: 28. Juli / 28.7.
Abreise: 4. August / 4.8.
Erwachsene: 2

Kinder: 0
Einzelzimmer [ ]
Doppelzimmer [X]
Mit Frühstück?
Nein [ ]   Ja [X]

7
a 110 Euro   b Ja
c Ja   d 24 Zimmer

8
a ihm b mich c sich d ihr
e uns f sich g euch

9
a Deutschland
b Deutsche
c Japanerin, japanisch
d Großbritannien, Britin, englisch
e Australien, englisch
f Frankreich, französisch

10
a sich
b *all:* sich (4 times)
c sich, sich
d mich
e mich, euch, uns, uns

11
Correct order:
4 – 6 – 2 – 9 – 1 – 7 – 3 – 8 – 5

16

AT THE OKTOBERFEST

Fragen zum Dialog
Teil 1: gut. — mit dem Riesenrad.
Teil 2: lieber nicht — Iwona. — Martina.

1
1 c   2 d   3 a   4 e   5 b

2
a Gewitter.   b bewölkt.
c scheint

3
a warm   b schreiben
c Glück haben d schnell
e das Zelt   f der Schnee
g sonnig   h schauen
i die Sonne   j hungrig

4
a es ist schon spät.
b es ist schon 10 Uhr
c es schneit.
d es regnet.
e es ist kalt.
f es schmeckt mir gut.
g Es gefällt mir dort sehr.
h gibt es (!)

5
a warmen, sonnigen
b großartigen
c tollste
d fantastischen
e heiße
f leckerste
g einfache
h großen, vollen
i kalte, großen
j schöne, internationale

6
a Seit einer Woche schneit es schon.
b Um 20 Uhr beginnt das Kino.
c Eilig hat es nur der Vater.
d Seit drei Tagen regnet es.
e Nur eine Stadt gibt es für mich, und die heißt Berlin!
f Für mich gibt es nur eine Stadt, und die heißt Berlin!
g Gut schmeckt es mir im Restaurant „Milano".
h Hier gefällt es mir.
i In München ist es kälter als in Berlin.

7
a wrong b right c wrong
d right   e right

8
a schöne   b leckere
c langweiligen d kalte
e volle   f heiße
g kühle   h alte
i weißen   j tolle

9
a Es ist gleich nach vier.
b es fährt jetzt kein Bus mehr.
c Aber gibt es auch genug zu trinken?
d Es ist richtig warm und sonnig.
e Dort gibt es Bratwurst.

17

IN CASE OF AN EMERGENCY

Fragen zum Dialog
Teil 1: noch nie — ja
Teil 2: Am Fuß. — Im Museum. — Ein Pfleger.

1
eine/einen: Kopf, Bauch, Nase, Rücken, Mund, Hals
zwei: Füße, Hände, Augen, Arme, Beine, Ohren
zehn: Finger, Zehen
viele: Gelenke, Knochen

2
a die Allergie   b persönlich
c wehtun   d brechen
e der Unfall   f der Arzt
g die Stufe
h die Krankenschwester
i die Behandlung
j ausrutschen

3
a Meine Gelenke tun weh. / Meine Gelenke schmerzen.
b Mein Bauch tut weh.
c Mein Zahn schmerzt. / Meine Zähne schmerzen.
d Mein Hals tut weh.
e Mein Ohr schmerzt. / Meine Ohren tun weh.
f Mein Kopf tut weh. / Mein Kopf schmerzt.

4
a Iwona und Pierre sind gestern einkaufen gegangen.
or: Gestern sind Iwona und Pierre einkaufen gegangen.
b Du hast die Aufgabe richtig gemacht!
c Wann hat Martina im Hotel eingecheckt?
d Was hast du in München gesehen?
e Ich bin gestern nach Hamburg gefahren.
or: Gestern bin ich nach Hamburg gefahren.
or: Nach Hamburg bin ich gestern gefahren.

5

a bin	b habe	c habe
d sind	e habe	f hat
g haben	h haben	i sind
j war	k hat	l haben
m habe	n bin	

6

1 eine Allergie
2 eine Erkältung
3 gebrochen
4 eine Grippe
5 Rückenschmerzen
6 eine Verletzung
7 gesund

Not used: krank

7

Es war Freitag, der 13. März.
Ich bin im Park **spazieren
gegangen. Ich habe** ein Fahrrad
gehört und **mich umgedreht.**
Ein Mann auf einem Fahrrad **ist**
sehr schnell in **meine** Richtung
gefahren. Er **hat mich** nicht
gesehen. Im letzten Moment
konnte der Mann ausweichen.
Aber **ich bin ausgerutscht** und
hingefallen. Meine rechte Hand
hat wehgetan und **ich konnte**
sie nicht mehr bewegen.

8

a (sich) verletzen	
b übersehen	c ausrutschen
d hinfallen	e umknicken
f wehtun	g gehen
h behandeln	i röntgen
j brechen	

18

REPORT ON THE JOURNEY

Fragen zum Dialog
Teil 1: im Café. — am Samstag.
Teil 2: langweilig — am Nach-
mittag

1

a Halsweh	b Baustelle
c Gesundheit	d Sitzplatz
e Bratwurst	f wenig

2

1 b	2 c	3 g	4 a
5 d	6 e	7 f	

3

a langweilig	b Oje!
c passieren	d erleben
e erzählen	f selten
g spannend	h dann, danach
i das Volksfest	
j zuletzt, zum Schluss	

4

a eintönigen	b fantastischen
c schöne	d alte
e großen	f langen
g spannenden	h tollen
i vollen	j seltene
k teure	l interessantes
m schöne	n informative
o schlimmen	

5

a Prag: ☺ Martina, Jens
b die Fahrt: ☹ Jens
c die Innenstadt: ☺ Martina
d die Kirchen: ☺ Martina,
☹ Jens
e die Burg: ☺ Jens, ☹ Martina
f die Läden: ☺ Martina, Jens
g der Urlaub: ☺ Martina, Jens

6

1 g	2 a	3 e	4 f
5 c	6 b	7 h	8 d

7

a Als	b wenn
c Als, wenn	d Wenn
e wenn	

8

a dir	b ist	c habe
d ihr	e mir	f ins
g ins	h in ein	i mir
j ist	k wir	l gereist/ gefahren
m dem/seinem		n uns
o dass	p hat	q ich

FT

FINAL TEST

1

a Am 14. Juli. b 8 Tage.
c Nach Brighton.

d Das British Museum.
e Faulenzen

2

a Jugendherberge
b sind
c haben
d Doppelzimmer
e Betten
f Stockwerk
g Morgens
h für
i Wir
j einen Fahrradverleih
k Wollen
l immer
m Fragen
n Sehenswürdigkeiten
o denn
p Englisch
q sprechen
r uns

3

a Beim Arzt: 4
b Auf dem Bahnhof: 5
c Im Hotel: 2
d Auf dem Oktoberfest: 1
e Auf der Straße: 3

4

a wrong	b right
c right	d wrong
e wrong	f wrong
g right	h right

5

a was du in Prag besichtigt hast.
b wo das Hotel „Seeblick" ist?
c wie Sie sich verletzt haben.
d wer dir geschrieben hat?
e wann du im Urlaub warst.
f warum du das gemacht hast?
g wann wir uns treffen wollen.

6

a aus	b nach
c zur	d nach, Mit dem, mit der
e Seit dem	f beim

Not used: bei, zu, mit

7

a guter, bessere/beste
b schnellste
c kleinen, rote
d tolle

GRAMMATICAL TERMS

GERMAN TERM	ENGLISH TERM	EXAMPLE
Adjektiv	adjective	der **nette** Kollege
Adverb	adverb	**morgen, dort**
Akkusativ	accusative	(Ich rufe) **den Mann** (an).
Akkusativ-objekt	direct object	Ich sehe **den Mann**.
bestimmter Artikel	definite article	**der** Apfel, **das** Buch
Dativ	dative	(Ich gebe) **den Kindern** (Obst).
Dativobjekt	indirect object	Ich gebe **dem Mann** einen Kuchen.
Deklination	declension	**der** Mann, **den** Mann, **dem** Mann
Diphthong	diphthong	**au, ei, eu**
Frage-pronomen	interrogative pronoun	**Wer** ist das?
Hauptsatz	main clause	Ich denke, dass du gut bist.
Hilfsverb	auxiliary verb	Er **hat** mich angerufen.
Imperativ	imperative	**Ruf** mich **an**!
Infinitiv	infinitive	**gehen, essen**
Komparativ	comparative	schnell**er**, schön**er**
Konjugation	conjugation	ich gehe, du geh**st**, er geht
Konjunktion	conjunction	**und, oder, dass, weil**
Konsonant	consonant	**b, c, d, f, g**
Modalverb	modal verb	**wollen, müssen, dürfen**

GERMAN TERM	ENGLISH TERM	EXAMPLE
Nebensatz	subordinate clause	Ich denke, **dass du gut bist**.
Ordinalzahl	ordinal numeral	der **erste** April
Partizip Perfekt	past participle	**gegessen, gewartet**
Perfekt	a German past tense	Ich **habe** dich **angerufen**.
Person	person	erste Person Singular: **ich**
Personal-pronomen	personal pronoun	**ich, sie, wir**
Plural	plural	(zwei) **Bücher**
Possessiv-pronomen	possessive pronoun	**mein** Vater, **seine** Schwester
Präposition	preposition	**in** der U-Bahn
Präsens	the German present tense	Ich **bin** in Deutschland.
Präteritum	simple past	Ich **war** in Berlin.
Pronomen	pronoun	**er, uns, sich, wo**
Singular	singular	(ein) **Buch**
Steigerung	comparison	**schön**, schön**er**, **am schönsten**
Subjekt	subject	**Martina** geht einkaufen.
Substantiv/ Nomen	noun	das **Haus**, die **Frage**
Superlativ	superlative	**am schnellsten**, **am schönsten**
Umlaut	umlaut	**ä, ö, ü**
unbestimmter Artikel	indefinite article	**ein** Auto, **eine** Frau
Verb	verb	**fahren**, er **fährt**
Vokal	vowel	**a, e, i, o, u**

IRREGULAR VERBS

The forms of **Präsens**, **Präteritum**, **Perfekt** are all in the third person singular (**er/sie/es**).

INFINITIV		PRÄSENS	PRÄTERITUM*	PERFEKT
beginnen	*to begin*	beginnt	begann	hat begonnen
bitten	*to ask, to beg*	bittet	bat	hat gebeten
bleiben	*to stay*	bleibt	blieb	ist geblieben
brechen	*to break*	bricht	brach	ist/hat gebrochen
bringen	*to bring*	bringt	brachte	hat gebracht
denken	*to think*	denkt	dachte	hat gedacht
dürfen	*to be allowed to*	darf	durfte	hat gedurft
einladen	*to invite*	lädt ein	lud ein	hat eingeladen
empfehlen	*to advise*	empfiehlt	empfahl	hat empfohlen
essen	*to eat*	isst	aß	hat gegessen
fahren	*to drive*	fährt	fuhr	ist/hat gefahren
fallen	*to fall*	fällt	fiel	ist gefallen
finden	*to find*	findet	fand	hat gefunden
fliegen	*to fly*	fliegt	flog	ist geflogen
geben	*to give*	gibt	gab	hat gegeben
gehen	*to go*	geht	ging	ist gegangen
gelingen	*to succeed*	gelingt	gelang	ist gelungen
geschehen	*to happen*	geschieht	geschah	ist geschehen
gewinnen	*to win*	gewinnt	gewann	hat gewonnen
haben	*to have*	hat	hatte	hat gehabt
halten	*to hold*	hält	hielt	hat gehalten
hängen	*to hang*	hängt	hing	hat gehangen
heißen	*to be called*	heißt	hieß	hat geheißen
helfen	*to help*	hilft	half	hat geholfen
kennen	*to know*	kennt	kannte	hat gekannt
kommen	*to come*	kommt	kam	ist gekommen
können	*to be able to*	kann	konnte	hat gekonnt
lassen	*to let*	lässt	ließ	hat gelassen

INFINITIV		PRÄSENS	PRÄTERITUM*	PERFEKT
laufen	to run, to walk	läuft	lief	ist gelaufen
leihen	to borrow, to lend	leiht	lieh	hat geliehen
lesen	to read	liest	las	hat gelesen
liegen	to lie	liegt	lag	hat gelegen
mögen	to like	mag	mochte	hat gemocht
müssen	to have to	muss	musste	hat gemusst
nehmen	to take	nimmt	nahm	hat genommen
nennen	to mention, to name	nennt	nannte	hat genannt
rufen	to shout	ruft	rief	hat gerufen
scheinen	to shine	scheint	schien	hat geschienen
schlafen	to sleep	schläft	schlief	hat geschlafen
schließen	to close	schließt	schloss	hat geschlossen
schreiben	to write	schreibt	schrieb	hat geschrieben
schwimmen	to swim	schwimmt	schwamm	ist/hat geschwommen
sehen	to see	sieht	sah	hat gesehen
sein	to be	ist	war	ist gewesen
sitzen	to sit	sitzt	saß	hat gesessen
sollen	to be supposed to	soll	sollte	hat gesollt
sprechen	to speak	spricht	sprach	hat gesprochen
stehen	to stand	steht	stand	hat gestanden
tragen	to carry	trägt	trug	hat getragen
treffen	to meet	trifft	traf	hat getroffen
trinken	to drink	trinkt	trank	hat getrunken
tun	to do	tut	tat	hat getan
vergessen	to forget	vergisst	vergaß	hat vergessen
waschen	to wash	wäscht	wusch	hat gewaschen
werden	to become	wird	wurde	ist geworden
wissen	to know	weiß	wusste	hat gewusst
wollen	to want	will	wollte	hat gewollt

* The simple past is called the *Präteritum*. It's mainly used in written German for novels or reports for example, and it is rarely used in spoken German (which is the main focus of this book). However, there are a few verbs (*haben, sein* and the modal verbs) that are more often used in the *Präteritum* rather than in the *Perfekt*.

PRONUNCIATION

Vowels

LETTER	PHONETIC	EXAMPLE	PRONUNCIATION
a	[a]	**alles** *everything*	similar to **a** in British English c**a**t
a, aa, ah	[aː]	**Bahn** *railway,* **ein paar** *a few*	like **a** in f**a**ther
e	[ɛ]	**am besten** *best,* **essen** *to eat*	like **e** in b**e**d
e, ee, eh	[eː]	**lesen** *to read,* **sehen** *to see,* **Tee** *tea*	formed similarly to a long [iː] but the mouth a bit more open
-e	[ə]	**bitte** *please* **danke** *thanks*	non-stressed **-e** endings, like **a** in **a**bout
i	[ɪ]	**du bist** *you are,* **richtig** *right*	like **i** in l**i**st
i, ie, ieh	[iː]	**Kantine** *canteen,* **Biene** *bee*	like **ee** in s**ee**
o	[ɔ]	**offen** *open* **Post** *post*	similar to **o** in n**o**t
o, oo, oh	[oː]	**Obst** *fruit,* **wohnen** *to live*	formed similar to the [ɔ] but the lips more rounded and closed
u	[ʊ]	**um** *at, around,* **Sturm** *storm*	like **u** in p**u**t
u, uh, ou	[uː]	**Juni** *june,* **Uhr** *clock,* **Tour** *tour*	like **ou** in y**ou**

Diphthongs and umlauts

LETTER	PHONETIC	EXAMPLE	PRONUNCIATION
ai, ei (ay, ey)	[aɪ]	**Mai** *may,* **heißen** *to be called*	like **y** in m**y**
au	[au]	**Auto** *car,* **einkaufen** *to shop*	like **ou** in m**ou**th
äu, eu	[ɔʏ]	**Räume** *rooms,* **neu** *new*	like **oy** in b**oy**
ä	[ɛ]	**Erkältung** *cold* **Hände** *hands*	like **e** in b**e**d
ä, äh	[ɛː]	**erzählen** *to tell,* **später** *later*	like **ai** in f**ai**r
ö	[œ]	**können** *to be able to*	something between [ɔ] and [ɛ]
ö, öh	[øː]	**nervös** *nervous,* **Söhne** *sons*	something between [oː] and [eː]
ü	[ʏ]	**Mütter** *mothers,* **müssen** *to have to, must*	similar to [yː] but the mouth is a bit more open and it's short
ü, üh	[yː]	**Gemüse** *vegetables,* **kühl** *cool*	formed like [iː] but the lips are formed for [uː]

Consonants

LETTER	PHONETIC	EXAMPLE	PRONUNCIATION
ch	[ç]	**leicht** *easy,* **mich** *me*	no English equivalent, can occur as an allophone of [h] in front of vowels (like **h**uge or **h**ue)
-ig	[ıç]	**wenig** *few*	only as a word ending
ch	[x]	**Nacht** *night,* **auch** *also*	after German **a, o, u, au** – no English equivalent, like the Scottish **ch** in lo**ch**
f, ff, ph, v	[f]	**fünf** *five,* **Vater** *father*	like the English **f**
j	[j]	**ja** *yes*	like **y** in New York
k, ck, c, -g	[k]	**Jacke** *jacket,* **weg** *away*	like **ck** in jacket
ng	[ŋ]	**länger** *longer*	like **ng** in wrong
p, pp, -b	[p]	**Pause** *pause,* **gib** *give*	like the English **p**
r, rr	[r]	**rot** *red*	no English equivalent, like the Scottish **r** in cu**r**d
-er	[e]	**Lehrer** *teacher*	similar to the English **u** in b**u**t
s	[z]	**lesen** *to read*	like **z** in **z**ero
s, ss, ß	[s]	**nass** *wet,* **Straße** *street*	like **s** in **s**ay
sch	[ʃ]	**schwarz** *black*	like **sh** in **sh**ow
st-, sp-	[ʃp], [ʃt]	**Spaß** *fun,* **stehen** *to stand*	combination of [ʃ] and [p] or [t] when **sp** and **st** are combined at the beginning of a word
t, dt, -d	[t]	**gut** *good,* **Rad** *bike*	like the English **t**
tsch	[tʃ]	**deutsch** *German*	like **ch** in **ch**at
w, v	[v]	**wirklich** *really,* **Vase** *vase*	like **v** in **v**oice
z, tz	[ts]	**Zeit** *time,* **putzen** *to clean*	like **ts** in le**t's**

Some pronunciation rules

[:] means that the previous vowel is a long vowel. ['] signals the stress.

A lot of consonants (b, d, g, h, k, l, m, n, p, t) are generally spoken the same (or very similarly) as their English counterparts.

Vowels in front of double consonants are always short: **Tre pp e, pa ss ieren**.

Double vowels, ie and vowel + h are always long: **T ee , pass ie ren, s eh en**.

b, d, g at the end of a word are spoken like p, t, k: **we g , gi b , wir d** .

h after a vowel is not spoken – it only prolongs the vowels: **Ba h n, se h r, wo h nen, U h r**.

The German [r] is formed in the throat and spoken as if you are clearing your throat or gurgling.

Vocabulary index

A

ab und zu 263
[ap ʊnt 'tsu:]
sometimes

abbiegen 206
['apbi:gən]
to turn

der **Abend**, -e 105, 120
['a:bənt]
the evening

aber 26, 182
['a:bɐ]
but

Aber gern! 74
[a:bɐ 'gɛrn]
*Certainly!,
With pleasure!*

abfahren 193, 251
['apfa:rən]
to depart

die **Abfahrt**, -en 194
['apfa:ɐt]
the departure

abgeben 219
['apge:bən]
*to deliver,
to hand over*

die **Abreise**, -en 220
['apraɪzə]
the departure

abspülen 147
['apʃpy:lən]
to do the washing-up

acht 16
[axt]
eight

**achter, achte,
achtes** 183
['axtɐ, 'axtə, 'axtəs]
eighth

die **Achterbahn**,-en 230
['axtɐba:n]
the roller coaster

achtzehn 16
['axtse:n]
eighteen

achtzig 30
['axtsɪç]
eighty

der **Actionfilm**, -e 162
['ɛkʃən?film]
the action film

ähnlich 59
['ɛ:nlɪç]
similar, alike

alle 43
['alə]
all, everybody

die **Allergie**, -n 244
[alɛr'gi:]
the allergy

alles 77
['aləs]
all, everything

Alles Gute! 130
['aləs 'gu:tə]
All the best!

als 258, 266
[als]
when (temporal)

als 59, 109
[als]
than (comparison)

also 158
['alzo]
so, well, thus

alt 15
[alt]
old

am 184
[am]
on

am besten 108
[am 'bɛstən]
best

am liebsten 102, 108
[am 'li:bstən]
most gladly, best

am meisten 109
[am 'maɪstən]
most

amerikanisch 224
[ameri:'ka:nɪʃ]
American

die **Ampel**, -n 207
['ampəl]
the traffic light

an 116, 137, 150
[an]
at, by; against

**anderer, andere,
anderes** 29
['andərɐ, 'andərə,
'andərəs]
other

das **Angebot**, -e 179
['angəbo:t]
the offer

angenehm 133
['angəne:m]
pleasant, kind

ankommen 105, 193
['ankɔmən]
to arrive

die **Ankunft**,
Ankünfte 194
['ankʊnft]
the arrival

die **Anmeldung**, -en 221
['anmɛldʊŋ]
the registration

die **Anrede**, -n 221
['anre:də]
the title

die **Anreise**, -en 220
['anraɪzə]
the arrival

ansehen 176
['anze:ən]
*to watch, to view,
to see*

die **Antiquität**, -en 267
[antikvi:'tɛ:t]
the antique

der **Apfel**, Äpfel 79
['apfəl]
the apple

der **Apfelkuchen**, - 88
['apfəl?ku:xən]
the apple cake

der **April** 180
[a'prɪl]
April

die **Arbeit**, -en 120, 133
['arbaɪt]
the work, the job

arbeiten 26, 34
['arbaɪtən]
to work

das **Arbeitszimmer**,- 134
['arbaɪts?tsɪmɐ]
the study

der **Architekt**, -en 45
[arçi'tɛkt]
the architect (male)

der **Arm**, -e 248
[arm]
the arm

der **Arzt**, Ärzte 244
['a:rtst]
the doctor (male)

die **Ärztin**, -nen 244
['ɛ:rtstɪn]
the doctor (female)

auch 40
[aux]
also, too

auf 74, 137, 150
[auf]
on, to; on to

Auf! 230
[auf]
Come on!, Let's go!

**Auf
Wiedersehen.** 16
[auf vi:dɐ'ze:ən]
Goodbye.

der **Aufenthalt**, -e 205
['aufənthalt]
*the stay,
the stopover*

aufhängen 130
['aufhɛŋən]
to hang up, to put

aufräumen 144
['aufrɔʏmən]
*to clean up,
to tidy up*

aufrufen 244
['aufru:fən]
to call

aufstehen 119, 120
['aufʃte:ən]
to get up

auftreten 247
['auftre:tən]
to tread

der **Aufzug**,
Aufzüge 219
['auftsu:k]
the lift, the elevator

das **Auge**, -n 248
['augə]
the eye

der **August** 180
[au'gʊst]
August

aus 26, 210
[aus]
from, out of

auschecken 219
['austʃɛkən]
to check out

ausdrucken 193
['ausdrʊkən]
to print

der **Ausflug**,
Ausflüge 258
['ausflu:k]
the trip, the tour

ausfüllen 219
['ausfylən]
to fill in

der **Ausgang**,
Ausgänge 247
['ausgaŋ]
the exit

ausleihen 119, 123
['auslaɪən]
to borrow

ausrutschen 247
['ausrʊtʃən]
to slip

außerhalb 116
['ausɐhalp]
out of

ganz einfach 205
[gants 'aınfax]
quite simple

gar nicht 262
['ga:r nıçt]
not at all

der Gast, Gäste 133
[gast]
the guest

das Gästezimmer, - 134
['gɛstetsıme]
the guest room

geben 77, 82, 91
['ge:bən]
to give

das Geburtsdatum,
-daten 221
[gə'bu:ets?da:tʊm]
the date of birth

der Geburtstag, -e 130
[gə'bu:etsta:k]
the birthday

die Geburtstagsparty,
-s 130
[gə'bu:etsta:ks?pa:tı]
the birthday party

geeignet 190
[gə'aıgnət]
suitable

gefallen 179
[gə'falən]
to appeal, to please

gehen 29, 250, 251
['ge:ən]
to go

gelb 163
[gɛlp]
yellow

das Gelenk, -e 248
[gə'lɛŋk]
the joint

gemeinsam 59
[gə'maınzam]
common

das Gemüse (only sg) 74
[gə'my:zə]
the vegetables

genau 12
[gə'nau]
exact(ly)

genug 241
[gə'nu:k]
enough

geradeaus 205, 206
[gəra:də'aus]
straight on

gern(e) 91, 108
[gɛrn(ə)]
gladly, with pleasure

Gern
geschehen! 205
['gɛrn gə'ʃe:ən]
You're welcome!

das Geschenk, -e 60, 130
[gə'ʃɛŋk]
the gift, the present

geschieden 44
[gə'ʃi:dən]
divorced

das Geschirr
(only sg) 144
[gə'ʃır]
the dishes

der Geschirrspüler, - 147
[[gə'ʃır?ʃpyle]
the dishwasher

die Geschwister
(only pl) 40, 44
[gə'ʃvıste]
the brothers and
sisters, the siblings

gestern 94
['gɛsten]
yesterday

gesund 252
[gə'zʊnt]
healthy, well

das Getränk, -e 92, 133
[gə'trɛŋk]
the beverage,
the drink

das Gewitter, - 234
[gə'vıte]
the thunderstorm

das Gift, -e 60
[gıft]
the poison

das Glas, Gläser 144
[gla:s]
the glass

glauben 190, 196
['glaʊbən]
to believe, to think

gleich 29
[glaıç]
same, equal

gleich 147
[glaıç]
soon, immediately,
directly

das Gleis, -e 194
[glaıs]
the rails

das Glück (only sg) 230
[glʏk]
the happiness;
luck

Glück haben 230
['glʏk ha:bən]
to be lucky

glücklich 43
['glʏklıç]
happy

das Gramm, - 78
[gram]
the gram

grau 163
[grau]
grey

die Grippe (only sg) 251
['grıpə]
the flu

groß 233
[gro:s]
big, large, tall

großartig 230
['gro:s?a:rtıç]
great, awesome

die Großeltern
(only pl) 44
['gro:s?ɛlten]
the grandparents

größer 108
['grø:se]
bigger

die Großmutter,
-mütter 44
['gro:s?mʊte]
the grandmother

der Großvater,
-väter 44
['gro:s?fate]
the grandfather

grün 163
[gry:n]
green

Grüß Gott! 216
[gry:s 'gɔt]
Hello!,
Good day!

günstig 179
['gʏnstıç]
low priced

die Gurke, -n 79
['gʊrkə]
the cucumber

gut 15, 238, 265
[gu:t]
good

Gute Nacht. 16
[gu:tə 'naxt]
Good night.

Guten Abend. 16
[gu:tən 'a:bənt]
Good evening.

Guten
Morgen. 16
[gu:tən 'mɔrgən]
Good morning.

Guten Tag. 12, 16
[gu:tən 'ta:k]
Good day.

H

haben 26, 40,
47, 152, 250
['ha:bən]
to have (got)

das Hähnchen, - 79
['hɛ:nçən]
the chicken

halb 74
[halp]
half

halb drei 110
[halp 'draı]
half past two

halb vier 105
[halp 'fi:r]
half past three

Hallo! 16
['halo:]
Hello!

der Hals, Hälse 248
[hals]
the neck,
the throat

halten von 176
['haltən fɔn]
to think about

die Hand, Hände 248
[hant]
the hand

hängen 151
['hɛŋən]
to hang

hätte gerne 95
[hɛtə 'gɛrnə]
would like (to)

hatte(n) 144, 152
['hatə(n)]
had

häufig 263
['hɔyfıç]
often

das Haus, Häuser 120
[haus]
the house

die Hausaufgaben
(mostly pl) 67
['hausaufga:bən]
the homework

die Haus-
nummer, -n 221
['haus?nʊme]
the house
number

heiß 234
[haıs]
hot

heißen 15
['haısən]
to be called

helfen 144
['hɛlfən]
to help

der Herbst, - 180
[hɛrpst]
the autumn

herein-
kommen 130
[hɛ'raınkɔmən]
to come in

Herr, -en 244
[hɛr]
Mr

herrichten 216
['hɛ:e?rıçtən]
to prepare

Herzlich
willkommen! 12
['hɛrtslıç vıl'kɔmən]
Welcome!

der **Milchkaffee**, -s 88
['mɪlç?kafeː]
the café au lait

die **Minute**, -n 202
[mi'nuːtə]
the minute

mit 210
[mɪt]
with

mitnehmen 119, 123
['mɪtneːmən]
to take along

der **Mittag**, -e 120
['mɪtaːk]
noon

mittags 219
['mɪtaːks]
at noon

der **Mittwoch**, -e 94
['mɪtvɔx]
Wednesday

das **Mobiltelefon**, -e 221
[moˈbiːl?telefoːn]
the mobile phone

möchte 95
['mœçtə]
would like (to)

mögen 43, 147
['møːgən]
to like

möglich 59
['møːklɪç]
possible

die **Möhre**, -n 79
['møːrə]
the carrot

der **Moment**, -e 158
[mo'mɛnt]
the moment

der **Monat**, -e 26, 30
['moːnat]
the month

der **Montag**, -e 94
['moːntaːk]
Monday

morgen 91, 94
['mɔrgən]
tomorrow

der **Morgen**, - 120
['mɔrgən]
the early morning

der **Müll** (only sg) 147
[mʏl]
the rubbish

der **Mund**,
Münder 248
[mʊnt]
the mouth

das **Museum**,
Museen 102
[mu'zeːʊm]
the museum

das **Müsli**, -s 79
['myːsli]
the muesli

müssen 56, 62, 165
['mʏsən]
to have to, must

die **Mutter**, Mütter 43,
44
['mʊte]
the mother

die **Muttersprache**,-n 59
['mʊte?ʃpraːxə]
the native language

N

na, ... 74
[na]
well, ...

na ja ... 147
[na 'ja]
oh, well ...

nach 116, 176, 210
[naːx]
*to, towards; past,
after*

nach Hause 120
[naːx 'hauzə]
home

der **Nachbar**, -n 40
['naxbaːe]
the neighbour

der **Nachmittag**, -e 120
['naːxmɪtaːk]
the afternoon

der **Nachname**, -n 221
['naːxnamə]
*the last name,
the surname*

die **Nachrichten**
(only pl) 162
['naːxrɪçtən]
the news

nachschlagen 56
['naːxʃlaːgən]
to look up

**nächster, nächste,
nächstes** 206
[nɛçstɐ, nɛçstə, nɛçstəs]
next

die **Nacht**, Nächte 105,
120
[naxt]
the night

der **Name**, -n 15
['naːmə]
the name

die **Nase**, -n 248
['naːzə]
the nose

nass 239
[nas]
wet

natürlich 88, 161
[naˈtyːelɪç]
naturally, of course

der **Nebel**, - 234
['neːbəl]
the fog

neben 137, 150
['neːbən]
by, next to

neblig 234
[neːblɪç]
foggy

nein 26
[naɪn]
no

nett 51
[nɛt]
nice, kind

neu 26
[nɔy]
new

neun 16
[nɔɪn]
nine

**neunter, neunte,
neuntes** 183
['nɔɪntɐ, 'nɔɪntə, 'nɔɪntəs]
ninth

neunzehn 16
['nɔɪntseːn]
nineteen

neunzig 30
['nɔɪntsɪç]
ninety

nicht 48
[nɪçt]
not

nicht mehr 43
[nɪçt 'meːr]
*not anymore,
no longer*

nicht so (sehr) 262
['nɪçt zo: ('zeːr)]
not that much

nie 244, 263
[niː]
never

niesen 252
['niːzən]
to sneeze

noch 12, 74
[nɔx]
still, yet; more, else

noch einmal 158
['nɔx aɪn'maːl]
*once more, one
more time*

noch nicht 171, 232
[nɔx 'nɪçt]
not yet

normal 105
[nɔr'maːl]
normal, regular

normalerweise 161
[nɔr'maːlevaɪzə]
usually, normally

der **Notfall**, Notfälle 179
['noːtfal]
the emergency

der **November** 180
[noːˈvɛmbe]
November

die **Nudeln** (pl) 92
['nuːdəln]
*the noodles,
the pasta*

nur 56
[nuːe]
only, just

die **Nuss**, Nüsse 79
[nʊs]
the nut

O

oben 135
['oːbən]
above

das **Obst** (only sg) 74
[oːpst]
the fruit

oder 40, 182
['oːde]
or

offen 105
['ɔfən]
open

die **Öffnungszeit**,-en 107
['œfnʊŋs?tsaɪt]
the opening hours

oft 43, 263
[ɔft]
often

das **Ohr**, en 248
['oːe]
the ear

Oje! 258
[oˈjeː]
Oh dear!

der **Oktober** 180
[ɔk'toːbe]
October

der **Onkel**, - 44
['ɔŋkəl]
the uncle

orange 163
[o'rãːʒ(ə), o'raŋʒ(ə)]
orange

orangefarben 163
[o:'raŋʒfarbən]
orange

die **Ordnung**, -en 147
['ɔrdnʊŋ]
*the order;
the tidiness*

österreichisch 224
['øːstəraɪçɪʃ]
Austrian

P

die **Packung**, -en 78
['pakʊŋ]
the package

der/die **Paprika**, -s 74
['paprika]
the pepper